KAUFHAUS JG. WODICKA
16 SPITZ
KAUFHAUS LANCZI
KAUFHAUS
HERREN DAMEN UND KINDER WÄSCHE

Als Firmpatin der kleinen Friederike aus Jedlesee wurde im Jahr 1914 ihre Tante, das „Fräulein" Luise Fuchs, Lehrerin und Ehrenbürgerin von Ober-Grafendorf, auserkoren. Beim Fotografen ergab das ein überaus stattliches Bild, mit dem man im Familienalbum reüssieren konnte.

Wien-Floridsdorf

Am Segelhafen an der Alten Donau bei der Reichsbrücke stellen sich die Sportler um 1930 dem Fotografen. Segeln war zu dieser Zeit noch ein bürgerliches Freizeitvergnügen, für das man ausreichend Zeit und Geld benötigte – und jemanden, der die weißen Hemden wusch und bügelte.

Gabriele Dorffner und Matthias Marschik

Wien-Floridsdorf

Bürgerliches Alltagsleben im 21. Bezirk 1880 bis 1960

SUTTON

Während die meisten Männer nach einem Jahr Krieg bereits an der Front standen und die Frauen zunehmend zur Fabrikarbeit verpflichtet wurden, unternimmt diese Gruppe im Herbst 1940 einen Radausflug. Nach einer kurzen Rast in Langenzersdorf wird weiter Richtung Strebersdorf geradelt.

Einband vorne: Ein Zweispänner führt zwei bürgerliche Paare durch die Floridsdorfer Hauptstraße vor der Möbeltischlerei von Johann Grünwald. Die Damen in feinen Kleidern und mit Sonnenschirm, einer der offenbar prominenten Herren grüßt mit seinem Hut in die zusammenlaufende Menge.
Vorsatz: 1926 verkaufen Bäuerinnen und Bauern ihre Waren. Umgeben wird die Szenerie vom „bürgerlichen" Floridsdorf, vom Importhandel des Conrad Sild, vom Modesalon Sobolewski & Deutsch und den Kaufhäusern des Ignaz Wodicka und des 1941 in Riga ermordeten Alois Lanczi.
Nachsatz: Plan von Floridsdorf, um 1921. Man erkennt die zahlreichen Industrieanlagen entlang der Prager und besonders der Brünner Straße, aber auch die Anbindung der Fabriken an das Bahnnetz. Abseits der Betriebe ist der 21. Bezirk aber noch weitgehend landwirtschaftlich genutzt.
Einband hinten: Lange Zeit war es nur eine Minderheit der Floridsdorfer*innen, die sich am Wochenende das Vergnügen einer Bootsfahrt auf der Alten Donau leisten konnte. Dennoch war Transdanubien kein reiner Arbeiterbezirk. Diese „andere" Seite wird in diesem Buch präsentiert.

Impressum

Sutton Verlag GmbH
Schweickhardtstraße 1
72072 Tübingen
www.suttonverlag.de

ISBN: 978-3-96303-411-4
Printed in Poland by CGS
Gestaltung und Herstellung: Sutton Verlag

Inhalt

Einleitung

Lange Zeit wurde Floridsdorf – oft abwertend – als klassischer „Arbeiterbezirk“ bezeichnet. In Floridsdorf selbst ist man dagegen durchaus stolz auf diese Tradition, auch wenn sie sich durch die Wohlstandsgesellschaft ab den 1960er-Jahren allmählich verschliffen hat. Das Bild des Arbeiterbezirkes findet sich auch in vielen Büchern über Floridsdorf, in denen vor allem Fabriken, Zinskasernen und Gemeindebauten sowie Wirtshäuser und der Markt Am Spitz zu sehen sind. Dort erkennt man jedoch auch das Handelsgeschäft des Conrad Sild, das Kaufhaus Wodicka oder die Möbelfabrik Sinai, also Geschäfte wohlbestallter Bürgerfamilien.

Dieses „bürgerliche Floridsdorf“ steht im Zentrum dieses Buches, und es geht dabei nicht um eine Korrektur, sondern um die notwendige Ergänzung der Erzählung vom „Arbeiterbezirk“. Wir folgen dabei durchaus einem wissenschaftlichen Trend: Die Erforschung der Leistungen der Wiener Sozialdemokratie und der Arbeiterkultur ab den 1970er-Jahren wird in letzter Zeit um Analysen zum „schwarzen“, konservativen, bürgerlichen Wien erweitert, nicht um das austromarxistische Reformprogramm zu schmälern, sondern um die Geschichte in ihrer Gesamtheit zu zeigen und zu vervollständigen.

Was als „bürgerlich“ zu verstehen ist, hängt nur bedingt von politischen Präferenzen oder finanziellen Mitteln ab. So konnte ein sozialdemokratischer Mandatar im Privatleben einen bürgerlichen Lebensstil pflegen, so wie ein kleiner Gewerbetreibender, der in einer Substandardwohnung wohnte, dennoch versuchen konnte, für sich selbst und nach außen hin den Eindruck eines bürgerlichen Lebens aufrechtzuerhalten. Und ebenso konnte sich die Praxis des „Roten Wien“ nicht gänzlich von bürgerlichen Idealen befreien, wenn das Arbeiter-Mandolinenorchester Beethoven-Sonaten spielte oder ein Floridsdorfer Proletarier statt bei den Arbeiterfußballern lieber bei den Profimatches der Admira zuschaute. Das Idealbild eines „Bürgerstandes“ und einer abgegrenzten „bürgerlichen Kultur“ hält der Überprüfung in einer heterogenen Praxis nicht stand. Schon vor 40 Jahren schrieb Hermann Bausinger, das Bürgertum definiere sich nicht als Stand oder Klasse, sondern durch seine Kultur, durch gemeinsame Normen und Lebensformen. „Bürgerliche Kultur“ ist also weder als Hochkultur noch als Ensemble „bürgerlicher“ Werte zu sehen, sondern als Stil und Lebenspraxis, die in die Prägung des Alltags hinein und über die im engeren Sinne bürgerlichen Schichten hinaus reicht.

In diesem Buch werden Bilder aus Floridsdorf versammelt. Das bedarf einer Präzisierung: Zeitlich decken die Fotos etwa die Phase von 1880/90 bis etwa 1960 ab. Das verdankt sich einerseits den Entwicklungen der Fotografie, denn erst ab 1880 gibt es ausreichend Bilder, die das Sujet abbilden, und es begann die Zeit der Privatfotografie, indem sich die Bürger*innen Fotoapparate leisten können. Um das Jahr 1960 begann die Wohlstandsgesellschaft die Differenzen zwischen den Schichten zu verschleifen.

Komplexer ist die territoriale Eingrenzung: Primäres Auswahlkriterium waren die Grenzen des heutigen 21. Wiener Gemeindebezirkes. Diese existieren allerdings erst seit 1954. Entstanden war Floridsdorf 1786 als kleines Dorf, 1894 wurde es mit Donaufeld, Jedlesee und Neu-Jedlersdorf zur Großgemeinde Floridsdorf vereinigt, die 1904 mit Leopoldau, Kagran, Hirschstetten, Aspern und Stadlau als 21. Bezirk nach Wien eingemeindet und im Jahr 1911 um Strebersdorf erweitert wurde. Damit umfasste Floridsdorf, mit Ausnahme von Kaisermühlen, alle linksufrigen Teile Wiens. Mit der Schaffung von „Groß-Wien" im Oktober 1938 wurde auch Stammersdorf eingemeindet. Zugleich wurde Transdanubien in zwei Bezirke geteilt: Der Süden und Osten wurde als Groß-Enzersdorf abgetrennt, dafür umfasste Floridsdorf nun auch etliche Umlandgemeinden wie Bisamberg, Enzersfeld, Hagenbrunn, Seyring und Gerasdorf. Erst 1954, mit der Rückabwicklung „Groß-Wiens", bekam der Bezirk die heutigen Grenzen. Im Jahr 1904 umfasste der Bezirk mit fast 10.000 Hektar mehr als ein Drittel der Stadtfläche Wiens. Floridsdorf erhielt einen städtischen Charakter, bekam zu Beginn der 1870er-Jahre Gaslaternen und ein Telegraphenamt, 1877 eine gepflasterte Hauptstraße und 1910 den Anschluss an die Hochquellenwasserleitung.

Aus einer kleinen Marchfeldgemeinde wurde innert weniger Jahrzehnte eine Industriestadt. Die Zahl der Einwohner*innen stieg von 1869 bis 1910 von 11.866 auf 77.333 bzw. nach den heutigen Bezirksgrenzen gerechnet von 12.022 auf 62.154 Einwohner*innen. Trotz der rasanten Industrialisierung hatte Floridsdorf seine alten Traditionen zwar nicht gänzlich verloren, aber seine primäre Funktion war nun die eines industriell und gewerblich geprägten Vorortes. Die zwischen 1860 und 1900 angesiedelten Groß- und Mittelbetriebe waren weitgehend auf Produktion ausgerichtet, sie beschäftigten primär gelernte und ungelernte Arbeiter*innen, denn Verwaltung und technische Büros blieben meist in der Innenstadt. So veränderte sich das soziale Gefüge Floridsdorfs rasant. Die Zuzügler*innen bildeten eine breite vorwiegend industrielle Unterschicht und eine schmale, vorwiegend gewerbliche und landwirtschaftliche, selbstständige Mittelschicht.

Diese Struktur blieb noch in der Zwischenkriegszeit bestehen. Sie hemmte eine engere Verknüpfung Floridsdorfs mit der restlichen Stadt und perpetuierte den – schlechten – Ruf Transdanubiens und – zurecht – den Titel „Arbeiterbezirk". Wahlergebnisse können dazu indirekt Aufschluss geben. Schon bei den Reichsratswahlen 1896, bei denen in einer 5. Kurie erstmals alle Männer wahlberechtigt waren, erreichte der sozialdemokratische Kandidat in der Großgemeinde Floridsdorf 3.698 Stimmen, seine konservativen Konkurrenten zusammen 1.093 Stimmen. Ab der Einführung des allgemeinen Männerwahlrechts 1907 konnte die Sozialdemokratie bis in die 1980er-Jahre meist sogar eine Zweidrittelmehrheit erringen, so auch bei der letzten freien Wahl vor der Ausschaltung des Parlaments, den Gemeinderatswahlen 1932, als die Sozialdemokraten im 21. Bezirk 43.050, die NSDAP 7.549, die KPÖ 1.334 und die Christlichsozialen 10.016 Stimmen erhielten. Genau diese 10.000 Wähler*innen bilden zwar nicht das einzige Thema, aber den Ausgangspunkt unseres Buches.

Josef Kollarz, Hauptmann-Stellvertreter bei der Betriebsfeuerwehr der Metall- und Schraubenfabrik Brevillier & Urban, um 1900. Uniform und Bart machen seine soziale Stellung ebenso deutlich wie das Faktum, dass Anton Urban, der Juniorchef des Unternehmens, der Chef der Löschtruppe war.

1

Das dörfliche Floridsdorf

Das heutige Floridsdorf war lange Zeit landwirtschaftlich geprägt: Als südwestlicher Ausläufer des Marchfeldes war das Gebiet einerseits vom Bisamberg, anderseits von den Armen der unregulierten Donau begrenzt. In Stammersdorf, Jedlersdorf und Strebersdorf wurden vor allem Getreide, Kartoffeln und Mais angebaut. In Donaufeld gab es Gemüsegärtnereien. Strebersdorf und Stammersdorf waren zudem für den Weinbau bekannt. Eine bevorzugte Stellung ergab sich durch die Nähe zur Stadt Wien und die Errichtung permanenter Brücken über die Donauarme. Dem Verkehr verdankte die Gegend ihr neues Zentrum: Am Spitz entwickelte sich ein Knotenpunkt, der die Reichsstraßen nach Prag und Brünn sowie die Straße nach Preßburg (über Schloss Hof, daher Schloßhofer Straße) an die Taborbrücke und an Wien knüpfte. Über Floridsdorf wurde die landwirtschaftliche Produktion nach Wien geliefert, aber zugleich war die Verkehrslage die Voraussetzung der Auslagerung großer Industriebetriebe nach Transdanubien. Doch noch Mitte der 1920er-Jahre war Floridsdorf ein grüner Bezirk mit fast 5.000 Hektar Äckern, 2.000 Hektar Wald, 500 Hektar Gärten und 700 Hektar Wiesen, auf denen 1.500 Pferde, 820 Rinder, 4.600 Schweine und 11.500 Ziegen gehalten wurden. Der dörfliche Charakter hat sich in einigen Bezirksteilen noch erhalten, auch wenn Floridsdorf derzeit eher vom Kampf gegen das Verschwinden der letzten landwirtschaftlichen Flächen geprägt ist.

Um 1910 lagen in Leopoldau Tradition und Moderne eng beieinander. Während der Ortskern als Angerdorf mit ebenerdigen Bauernhöfen seinen ländlichen Charakter noch erhalten hatte, wurde kaum zwei Kilometer entfernt auf dem Gemeindegebiet ein modernes kohlebetriebenes Gaskraftwerk errichtet.

Die Anton-Bosch-Gasse (hier um 1900), benannt nach dem ehemaligen Brauherrn und Ortsrichter, war eine der ältesten Gassen in Jedlesee. Zwischen einstöckigen Bürgerhäusern und Obstgärten führte die Allee vorbei an der Loretto-Kirche und am 1873 angelegten Friedhof zur Überfuhr nach Nußdorf .

Der Innenhof eines alten Bürgerhauses in der Brünner Straße (1955), das dem Gemischtwarenhändler Ludwig Schwaiger gehörte. In der Nachkriegszeit hatten sich ein Kunstblumenerzeuger und ein Schreibbüro eingemietet. Zum Zeitpunkt des Fotos war die Abbruchgenehmigung schon erteilt.

Auch um 1930 waren große Teile Floridsdorfs als südöstlicher Ausläufer des Marchfeldes noch landwirtschaftlich genutzt. An Viehbestand wurden zu dieser Zeit im ganzen Bezirk noch 1.500 Pferde, 826 Rinder, 11.500 Ziegen, 4.600 Schweine und 60 Schafe ausgewiesen.

Besonders an den Abhängen des Bisamberges wurde Weinbau betrieben, der „Brünnerstraßler" zeugt noch davon. Hier ein Erinnerungsfoto der Familie Spindler aus Großjedlersdorf mit den Lesehelferinnen, bevor die Trauben im Bottich mit dem Pferdefuhrwerk zum Presshaus gebracht wurden.

In den 1920er-Jahren erfolgte die Mehlproduktion schon weitgehend mechanisiert. Die Drusch erfolgte mit einem dampfbetriebenen Lokomobil. Florian Ott war in Großjedlersdorf Landwirt, Fuhrwerksunternehmer sowie Lokalbesitzer und zudem Kommandant der Freiwilligen Feuerwehr.

Im Donaufeld waren Landwirtschafts- und Industriebetriebe noch Nachbarn. Am Feld wurde mit Pferdekraft gepflügt, dahinter befand sich die 1911 eröffnete Filiale der holländischen Firma Rembrandtin, die Industrie-, Isolier-, Draht- und Baufarben, aber auch Farben für Spielkarten herstellte.

Der Floridsdorfer Markt (hier hinter dem Amtshaus am Spitz im Jahr 1908) wurde 1887 verlegt. Nach dem Bau des Rathauses übersiedelte er an dessen hintere Seite, ehe er 1926 vor den Schlingerhof verlegt wurde. Hier boten Bäuerinnen und Bauern, meist aus der Umgebung, ihre Produkte feil.

Nach der Übersiedlung vor den 1926 fertiggestellten Gemeindebau sprach man vom „Schlingermarkt". Gerade in den wirtschaftlich prekären frühen 1930er-Jahren wurde dort nicht nur Obst und Gemüse angeboten, sondern auch mit vielerlei anderen Waren zu günstigen Preisen gehandelt.

Der Betrieb des Karl Friedl (hier im Jahr 1928) im damals noch selbstständigen Stammersdorf war eine der größten Fleischhauereien Transdanubiens. Friedl saß ab 1919 im örtlichen Gemeinderat, war Kammerrat der Wiener Handelskammer und von 1934 bis 1938 Bürgermeister-Stellvertreter von Stammersdorf.

In den frühen 1920er-Jahren siedelten sich Lovara-Roma aus Ungarn auf dem Mühlschüttel an, einem Landstrich an der Alten Donau. Auf diesen Romane Thana wohnten traditionell mehrere Generationen zusammen. Die meisten dieser Familien lebten vom Handel mit Pferden.

2

Die Industrialisierung

Die Industrialisierung und Ansiedlung von Fabriken und Betrieben in Floridsdorf war den Reichsstraßen, der Lage an der Donau, aber noch mehr der Nord- und Nordwestbahn zu verdanken, die mit der Industrialisierung Wiens eng verbunden ist. Seitdem die Dampfmaschine die Wasserkraft ersetzt hatte, sorgte die Anbindung an ein leistungsfähiges Eisenbahnnetz für die Anlieferung der nötigen Kohle und für Absatzwege der produzierten Waren. In Floridsdorf gab es billigen Boden für die Industrieanlagen, die mit Schleppgleisen an die Hauptstrecke angeschlossen wurden. Zudem waren kaum Klagen wegen Lärm oder Gestank zu befürchten. Am Beginn der Industrialisierung stand eine 1856 errichtete Maschinenfabrik, die 1864 in eine Raffinerie umgestaltet wurde. Es folgten 1869 die Lokomotivfabrik und 1871 die I. Österreichische Jute-Spinnerei und -Weberei. Innert weniger Jahrzehnte entwickelte sich Floridsdorf zur bedeutendsten industriellen Agglomeration der Monarchie, geprägt durch Werke der Elektro- und Metall-, der chemischen und der Maschinenbranche. Alteingesessene Betriebe wie Lohner und Mautner Markhof verlegten ihre Betriebsstätten über die Donau. Das Gaswerk Leopoldau war eines der größten in Europa. Ein allmählicher Niedergang erfolgte mit der Wirtschaftskrise der späten 1920er-Jahre, als etliche Betriebe schließen mussten. Nach 1945 verlangsamte die Lage in der sowjetischen Zone den „Wiederaufbau“, weil Mittel aus dem Marshall-Plan nur spärlich flossen.

Georg I. Heinrich Mautner Markhof begann in Floridsdorf neben der Presshefe- und Spirituserzeugung auch Bier zu brauen. 1893 wurde in der Brauerei zum St. Georg das erste Bier zum Ausstoß gebracht. Mit einer Jahresproduktion von 200.000 Hektolitern wurde man die viertgrößte Brauerei Österreichs.

Im Jahr 1898 verlegten die Schuckert-Werke ihre Kabelfertigung nach Leopoldau, 1900 nahm gleich nebenan Siemens & Halske seine Maschinenfertigung auf. Im Jahr 1904 kam es zur Fusion und der Konzern wurde zum größten Elektrounternehmen der Monarchie. Das Hauptwerk blieb stets in Floridsdorf.

Die englische Firma Clayton & Shuttleworth verlegte ihre österreichische Produktion 1905 nach Floridsdorf, 1911 fusionierte man mit Hofherr & Schrantz. Der neue Konzern CSHS war der größte Landmaschinenproduzent der Monarchie und beschäftigte 2.400, während des Krieges fast 5.000 Arbeitskräfte.

1864 entstand nahe dem Bahnhof eine Petroleumfabrik, die unter anderem das Floridsdorfer Fleckwasser vertrieb. 1929 wurde das Werk von Shell übernommen. Ab 1944 verwüsteten Bombentreffer die Anlage, die nach 1945 die Sowjets übernahmen, ehe sie bis 1970 wieder von Shell betrieben wurde.

Hohe Brotpreise ließen in der Wiener Arbeiterschaft um 1900 den Ruf nach einer eigenen Brotproduktion laut werden. Die Gewerkschaften reagierten darauf mit der Gründung der Hammerbrotwerke, die 1919 in der Floridsdorfer Frömmlgasse ein Werk eröffneten, das bis 1972 betrieben wurde.

1907 wurde in der Brünner Straße eine Fertigung von FIAT-Fahrzeugen eröffnet, 1915 wurde sie unter staatliche Verwaltung gestellt und 1921 in die Österreichischen Fiat-Werke umgewandelt. Die Wirtschaftskrise setzte dem Werk hart zu, das sich mit dem Bau von Nutzfahrzeugen über Wasser hielt.

Gefährliche Arbeitsbedingungen in der Werkhalle von Clayton & Shuttleworth: Über eine an der Decke angebrachte Transmissionswelle wurde die Kraft mittels Flachriemen zu den einzelnen Maschinen geleitet. Durch die beengten Verhältnisse kam es dabei immer wieder zu schweren Unfällen.

Die Wiener Lokomotiv-Fabriks-Actien-Gesellschaft wurde 1869 gegründet. In schlechten Jahren waren weniger als 1.000, in guten etwa 1.500 Arbeiter beschäftigt, während des Zweiten Weltkriegs bis zu 8.000. Wegen der anstrengenden Arbeit war die Lofag auch als „Banermühl" (Knochenmühle) bekannt.

Lohnauszahlung bei Hofherr & Schrantz. Die Wochenlöhne waren auch 1930 noch extrem niedrig. Ein Hilfsarbeiter verdiente 1930 etwa 50, ein Facharbeiter 80 Schilling, eine Hilfsarbeiterin etwa 30 Schilling (umgerechnet sind das 200 bis 310 bzw. 120 Euro). Das reichte für eine Fleischspeise pro Monat.

Die Glasfabrik Lutzky & Co wurde in den 1920er-Jahren in der Jeneweingasse 29 und 31 gegründet. Nach 1945 wurde die Fabrik von den Sowjets als „deutsches Eigentum" angesehen und an die Floridsdorfer Glasfabrik weiterverpachtet, ehe das Werk 1948 an die ursprünglichen Besitzer retourniert wurde.

Der Reifenhändler Hans Ehgartner errichtete in den 1950er-Jahren eine Werkstätte in der Fultonstraße. Der weithin sichtbare „Firestone-Turm" war bis 1995 eine Landmarke der Oberen Alten Donau. Ehgartner war Kammerfunktionär und saß von 1959 bis 1962 für die ÖVP im Nationalrat.

3

Verbunden mit der „Stadt"

„Was, so weit draußen wohnst Du?" ist wohl das häufigste Stereotyp, mit dem die Bewohner*innen Floridsdorfs konfrontiert sind. Die Mär von der extremen Randlage Floridsdorfs stammt wohl noch aus der Zeit, als die Donau ein massives Hindernis bildete. Doch kurz nach der Regulierung des Flusses wurden die Nordwestbahnbrücke (gebaut 1870–1872), die Floridsdorfer Brücke (ursprünglich Kaiser-Franz-Joseph-Brücke 1872–1874, umgebaut 1913) und die Nordbahnbrücke (1872–1874) als rasche Verbindungswege mit der Stadt errichtet. Ab den 1870er-Jahren lag Floridsdorf an den wichtigsten Bahnstrecken der Monarchie, die vom Praterstern aus die Verbindung der Stadt zu den Industriegebieten in Böhmen, Mähren und Galizien, dazu nach Znaim, herstellten, was die Industrialisierung erst ermöglichte. Zudem war Floridsdorf ein Vorreiter bezüglich Mobilität: So fand im November 1837 die erste Eisenbahnfahrt der Monarchie von Floridsdorf nach Deutsch-Wagram statt. Und Floridsdorf besaß auf dem Inundationsgebiet auch den ersten Linienflughafen Wiens (abgesehen davon lag ja auch der Großflughafen Aspern damals in Floridsdorf). Erst im 20. Jahrhundert wurde Floridsdorf dann zum Verkehrsknotenpunkt, von dem aus man – von Strebersdorf bis Großenzersdorf – verschiedenste Orte Transdanubiens erreichte. Und es gab auch stets Verbindungen ins Wiener Zentrum, von der Autobuslinie 5 (Stephansplatz–Am Spitz) über den 132er (Schnellbahnhof Floridsdorf–Schottenring) bis zur Schnellbahn (ab 1962) und schließlich zur U1 und U6.

Floridsdorf nahm eine Pionierstellung im österreichischen Eisenbahnwesen ein: Am 23. November 1837 wurde das erste Teilstück der Kaiser-Ferdinands-Nordbahn nach Deutsch-Wagram eröffnet. Das Bild zeigt eine sehr heterogene Bevölkerung, die zugleich jubelnd und reserviert auf das Dampfross reagierte.

Die Schiffsbauer John Andrews und Joseph Prichard waren Mitbegründer der DDSG und bauten 1830 am Ufer eines Mühlschüttelarmes das erste Dampfschiff („Franz I.“) für den Donaubetrieb. Der Landungsplatz für die Fahrten bis Pest und weiter bis nach Serbien befand sich am rechten Donauufer bei Kagran.

Die Überfuhr von Jedlesee nach Nußdorf wurde lange für den Transport von Lebensmitteln vom Marchfeld nach Wien verwendet. Später diente sie dem Ausflugsverkehr. Um 1900 wurde ein Dampfboot namens „Charlotte“, im Volksmund „Propeller“ genannt, eingesetzt, das bis ca. 1950 in Betrieb war.

Auch im Automobilbau war Floridsdorf führend: Verantwortlich war die Firma Lohner, die in den 1870er-Jahren auf ein 30.000 Quadratmeter großes Areal im Donaufeld übersiedelte. Ab 1899 arbeitete Ferdinand Porsche bei Lohner und konstruierte ein Elektrofahrzeug („Semper Vivus", im Bild) und Hybridfahrzeuge.

Nachdem der Flughafen in Aspern zu hohe Startgebühren verlangte, errichtete die 1923 gegründete Österreichische Luftverkehrs AG am Überschwemmungsgebiet bei Jedlesee einen eigenen Flughafen, von dem aus Linienflüge nach München und – mit Schwimmern statt Rädern – nach Budapest durchgeführt wurden.

In Wien wurde erst spät ein städtisches Bus-System aufgebaut, das ab 1929 über das Gebiet der Innenstadt hinausreichte. Eine der ersten Linien war eine Schnellbus-Verbindung vom Stephansplatz nach Floridsdorf. Auch in den 1950er-Jahren gab es wieder eine Buslinie von der Bellaria zum Spitz.

Die Straßenbahnlinien 31 auf der Brünner- und 32 auf der Prager Straße waren wichtige Verbindungen zwischen City und Floridsdorf. Das Bild von 1960 zeigt einen 132er am „Eisenbahnerberg". Die Linie führte ab 1923 und bis 1982 vom Wallensteinplatz, später vom Schottenring bis Strebersdorf.

Der Bahnhof Floridsdorf war als Haltestelle der Nord- und der Nordwestbahn in Zeiten der Industrialisierung ein zentraler Umschlagplatz für Güter und Personen. In den 1960er-Jahren wurde der Bahnhof etwa 600 Meter südlich verlegt. Der „Schnellbahnhof" blieb der Verkehrsknotenpunkt des Bezirks.

In den 1960er-Jahren erreichte die individuelle Massenmobilisierung auch Floridsdorf. War das Auto bis dahin den bürgerlichen Schichten vorbehalten, motorisierte sich nun auch die Arbeiterschaft, zuerst in Form von Motorrädern oder Rollern, dann auch durch den Kauf eines Autos. Appel-Hof um 1965.

Ein Vorreiter war Floridsdorf nicht zuletzt auch im Radverkehr: Am 28. Mai 1899 wurde von Floridsdorf über Deutsch-Wagram nach Bockfließ der erste, über 20 Kilometer lange, Radfahrweg in Österreich eröffnet. Im selben Jahr wurde auch eine Radstrecke von Jedlesee nach Korneuburg geschaffen.

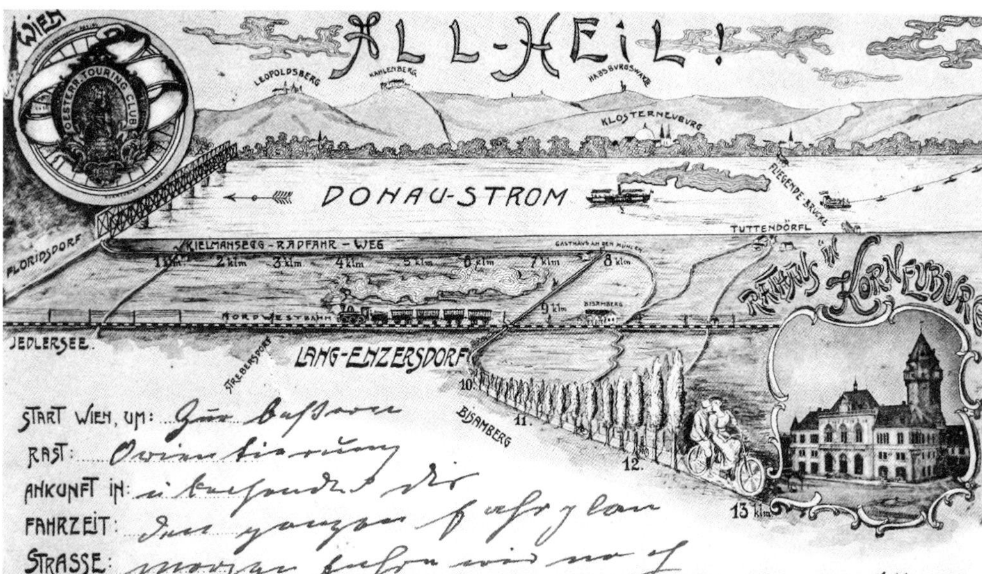

Der nach dem niederösterreichischen Statthalter benannte Kielmansegg-Weg führte entlang der Donau bis Bisamberg und dann „über Land“ nach Korneuburg. Das Gewand der beiden Radler auf dem Bild von 1919 belegt, dass die Tour für ein bürgerliches Publikum gedacht war.

4

Der Arbeiterbezirk

Die Industrialisierung ab den 1860er-Jahren führte zu einer weitgehenden Trennung von Arbeits- und Wohnort. Daher mussten sich die Arbeiter*innen in der Nähe der Arbeitsstätten – vielfach prekäre – Wohnmöglichkeiten suchen. Binnen weniger Jahre wurde Floridsdorf durch einen massiven Zuzug zum Arbeiterbezirk. Die Zahl der Bewohner*innen stieg innerhalb von 30 Jahren von 11.905 (1869) auf 44.361 (1900) an, der „Industriearbeiter" wurde zur vorherrschenden Lebensform. Lag das Verhältnis von Unter- zu Mittelschicht im Jahr 1869 bei 61 zu 39 Prozent, stieg es bis 1880 auf fast 80 zu 20 Prozent. Damit einher ging ein Erstarken der Arbeiterbewegung. Erste Arbeitervereine gab es ab 1867. Nach 1918 wurde die Floridsdorfer Bezirksorganisation zu einer der stärksten Wiens. In der Ersten Republik wurden hier große kommunale Wohnbauten (Schlingerhof 1924–1926, Karl-Seitz-Hof 1926–1933, Paul-Speiser-Hof 1929–1932) errichtet. Im Bürgerkrieg des Februar 1934 war Floridsdorf einer der Hauptschauplätze des Widerstands. Die zahlreichen Industrieanlagen waren ab 1944 Hauptziel alliierter Bombenangriffe, nicht zuletzt deshalb gab es auch nach 1945 eine rege Bautätigkeit, die dafür sorgte, dass Floridsdorf bis heute zumindest parteipolitisch ein Arbeiterbezirk blieb.

Der Schlingerhof wurde von 1924 bis 1926 auf dem Gelände des ehemaligen Gaswerks in der Brünner Straße gebaut. Mit 478 Wohnungen und 53 Geschäftslokalen war er damals einer der größten Wohnbauten Wiens. Im Februar 1934 konnte er erst nach Einsatz von Artillerie erobert werden.

Am 12. November 1918 wurde in Wien die Republik ausgerufen. 2.000 Ordner aus Floridsdorf sicherten die Eingänge und die Rampe des Parlaments. Es war auch eine Floridsdorfer Arbeiterdelegation, die das Transparent mit der Losung „Hoch die sozial(I) istische Republik" gefertigt hatte.

Das Volkswehr-Bataillon XXI in Floridsdorf im August 1919. Heimkehrende Soldaten hatten im November 1918 freiwillige Wehrverbände ins Leben gerufen. Sie waren nur als ein Provisorium zur Aufrechterhaltung der inneren Ordnung gedacht, wurden aber letztlich auch im Grenzschutz eingesetzt. ▼

1926 erfolgte im Beisein von Karl Seitz (ab 1951 Namenspatron) die Grundsteinlegung für die Gartenstadt. Wegen der geringen Flächenverbauung und der großen Innenhöfe gilt sie als aufgelockerter Superblock. Im Februar 1934 wurde sie von einem Panzerzug des Bundesheeres sturmreif geschossen.

Die Eröffnung eines Gemeindebaus in der Brünner Straße 130–134 im Jahr 1925 wurde für Bewohner*innen und Gäste adäquat inszeniert. Die Auffahrt an Automobilen zeigt, dass nicht nur lokale Prominenz anwesend war, sondern auch der Unternehmer Oskar Inwald-Waldtreu und der Promi-Fotograf Roger Maçon.

Sport und körperliche Ertüchtigung hatten in der Arbeiterbewegung einen hohen Stellenwert. Sie boten ein Gegengewicht zur gleichförmigen Arbeit, förderten die Gemeinschaft und die individuelle Gesundheit des Einzelnen. Das Bild zeigt den Turnsaal in der Gartenstadt.

Schon vor 1900 entstanden in Floridsdorf wilde Siedlungen mit Gemüsegärten und Holzhütten. Ein Teil der Siedlungen, etwa das „Bretteldorf", blieb illegal. Andere Siedlungen, wie der Bruckhaufen, wurden legalisiert und im Austrofaschismus sogar ausgebaut, wie etwa die Arbeitslosensiedlung Leopoldau (hier abgebildet).

Neben dem Bahndamm der Nordbahn und zum Teil auf dem Terrain des ehemaligen Sportplatzes des FAC (im Volksmund heißt er bis heute FAC-Bau) wurde von 1929 bis 1932 ein großer Gemeindebau (ab 1948 Paul-Speiser-Hof) errichtet. Neugierige betrachten bestürzt die Spuren der Ereignisse vom Februar 1934.

Am 7. März 1938 trafen sich im Floridsdorfer Arbeiterheim Vertreter der illegalen Gewerkschaften, Revolutionäre Sozialisten und Vertreter der KPÖ zu einer „Vertrauensleutekonferenz". Man beschloss eine Unterstützung der von Kurt Schuschnigg für den 13. März angesetzten Volksabstimmung.

1909 übernahm die Floridsdorfer Sozialdemokratie das Gasthaus von Josef Bartsch und richtete ein „Arbeiterheim" für Versammlungen, Kultur und Theater und sogar ein Kino ein. Nach 1934 wurde es von der Vaterländischen Front, ab dem März 1938 für nationalsozialistische Veranstaltungen genutzt.

Auch nach 1945 blieb die Sozialdemokratie in Floridsdorf überaus präsent. Bei den ersten Nachkriegswahlen im November 1945 erreichte die SPÖ 25.230, die ÖVP 8.098 und die KPÖ 4.271 Stimmen. Der 1.-Mai-Aufmarsch (hier 1958) blieb für Sozialdemokrat*innen (und Kommunist*innen) ein Pflichttermin.

5

Die Beamten

Zur Zeit Josephs II. wurde eine bürgerliche Bürokratie installiert, die die Rechte und Pflichten der öffentlich Bediensteten, nunmehr Beamte genannt, festlegte. Es entstand ein Verwaltungsapparat, vom Bürgermeister oder Bezirksvorsteher bis zur Amtssekretärin. Die Strukturen staatlicher, regionaler und lokaler Verwaltungen wurden auch in der Exekutive oder in verstaatlichten Einrichtungen übernommen, vom Polizisten und Bahnhofsvorstand bis zum Feuerwehrmann und zum Postfräulein, alle durch Uniformen erkennbar. Die Zahl der Wiener Magistratsbeamt*innen stieg ständig, allein in den Jahren von 1897 bis 1910 von 4.760 auf 25.151. Bis 1869 amtierten die Floridsdorfer Beamten, selbst die Bürgermeister, in ihren Privatwohnungen. 1887 wurden Amtsräume in das Gasthaus „Zum goldenen Engel" am Spitz verlegt. Wegen der Pläne, Floridsdorf zur Hauptstadt Niederösterreichs zu machen, wurde von 1901 bis 1903 das Rathaus errichtet. 1851 erhielt Floridsdorf ein eigenes Polizeibezirkskommissariat und hatte 1926 zehn Wachzimmer mit fast 200 Polizeibeamten. 1922 wurden die bisherigen freiwilligen Feuerwehren zu einer Berufsfeuerwehr umgestaltet, die Hauptfeuerwache befand sich in der Kretzgasse (heute Weisselgasse). Nirgends zeigt sich deutlicher als in der Gruppe der Beamten, dass die politische Präferenz nicht unbedingt eins geht mit einem bürgerlichen Lebensstil. Denn auch wenn etliche dieser Posten ab 1918 von Sozialdemokrat*innen übernommen wurden, richteten sich zumindest die höheren Beamten in ein bürgerliches Leben ein.

Eine würdige Männerrunde versammelte sich im Jahr 1900 im k.k. Amtshaus Floridsdorf zu einer Sitzung des Gemeinderates der Großgemeinde. In der Mitte Anton Anderer, der ab 1898 das Amt des Bürgermeisters bekleidete, neben ihm die Vizebürgermeister Hoß (li.) und Schwarz (re.).

Ein frühes Bild von Floridsdorfer Honoratioren: Viehhändler Leopold Loidl, Fleischhauer Kaspar Hager, Bürgermeister und Bäcker Georg Puffer sowie Gastwirt Johann Schöpfleuthner, Mitglied der Gemeindevertretung. Das Bild entstand vermutlich im Spitzwirtshaus, das ab 1887 als Gemeindehaus diente.

Karl Frömml (1807–1889) ließ sich 1839 in Floridsdorf als Baumeister nieder. Er war im Gemeinderat tätig und ab 1869 Bürgermeister. Anton Anderer (1857–1936) war Glaswarenhändler und übernahm 1898 als Kandidat der „vereinigten Bürgerlichen" das Amt des Bürgermeisters (bis 1904) und des Bezirksvorstehers (bis 1918).

Der Christlichsoziale Franz Hoß (re.) wurde 1893 Gemeinderat und bekleidete bis 1904 das Amt des Vizebürgermeisters. Ab 1910 war er Wiener Stadtrat für Finanzen und Vizebürgermeister. Der Tapezierer und Sattlermeister Wilhelm Hanisch (li.) übernahm nach dem Februar 1934 das Amt des Bezirksvorstehers bis zum März 1938.

Die Frauen der Gewerbetreibenden und Gemeindepolitiker sorgten für den bürgerlichen Haushalt: Josefine Puffer, die Frau des Bürgermeisters Georg Puffer, stammte aus der Familie Schöpfleuthner. Die Tochter von Josefine und Georg, Elisabeth, wurde die Gattin des Architekten Alois Frömml.

Vorkriegsbegeisterung anno 1910: Die jungen Bürgersöhne wurden in Dragoneruniformen gesteckt, die im Spielzeughandel erhältlich waren. Ganz wohl scheinen sie sich in ihrer Adjustierung noch nicht zu fühlen, und in echte Uniformen mussten sie bis 1918 wohl nicht schlüpfen.

Kontrolle von Bauarbeiten an der Nordwestbahn-Strecke in Floridsdorf. Als Folge der Wirtschaftskrise von 1873 wurden die Bahnstrecken sukzessive verstaatlicht und zu den k.k. Staatsbahnen zusammengefasst, die dem Handelsministerium unterstanden. Ab 1896 gab es ein eigenes k.k. Eisenbahnministerium.

Im Zuge der Donauregulierung wurde 1872 als direkte Verlängerung der Floridsdorfer Hauptstraße die Kaiser-Franz-Joseph-Brücke errichtet. Spätestens 1904 reichte sie den Anforderungen nicht mehr. So wurde im Juni 1913 in Anwesenheit von Kaiser Franz Joseph der Grundstein für einen Umbau gelegt.

Die Fahnenweihe einer kulturellen oder kommunalen Institution wurde stets festlich begangen. Bei der Fahnenweihe der Freiwilligen Feuerwehr Stammersdorf im Jahr 1906 nahm neben den Feuerwehrleuten und den Ehrendamen auch lokale Prominenz wie der Weinhauer Franz Reichl mit seiner Gattin teil.

Ab etwa 1850 stellten die einzelnen Gemeinden freiwillige Feuerwehren zusammen, die nach der Eingemeindung in die Wiener Feuerwehrorganisation übernommen wurden. 1927 wurden die Verbände aufgelöst und die Wiener Berufsfeuerwehr begründet. Hier die Feuerwehr Floridsdorf 1930.

Die Beamten der k.k. Sicherheitswache vor dem Posten Vereinsgasse 35 in Donaufeld, Bild nach 1905. Ab 1869 und bis 1918 existierte in Wien eine k.k. Sicherheitswache. Sie war für polizeiliche Aufgaben, vor allem für die Aufrechterhaltung der öffentlichen Ruhe, Ordnung und Sicherheit zuständig.

Die Mitarbeiter*innen des Bahnhofs der Nordwestbahn in Jedlesee, der von 1890 bis 1920 als Bahnhof Floridsdorf-Jedlesee geführt wurde, nahmen für den Fotografen Aufstellung. Ab 1896 waren sie als Staatsbeamte für das Eisenbahnministerium tätig.

Anton Haberzeth (1856–1928) war Fassbindermeister in Strebersdorf und von 1904 bis 1911, bis zur Eingemeindung nach Wien, auch dessen Bürgermeister. Haberzeth engagierte sich als Obmann des Katholischen Schulvereins und des Militär-Veteranenvereins. Nach 1911 war er christlichsozialer Bezirksrat.

Floridsdorfs „höchster Beamter" war Franz Jonas. Der gelernte Schriftsetzer war ab 1934 bei den Revolutionären Sozialisten aktiv. Von 1946 bis 1948 war er Bezirksvorsteher von Floridsdorf, bis 1951 Stadtrat, bis 1965 Wiener Bürgermeister und bis zu seinem Tod 1974 österreichischer Bundespräsident.

6

Industrielle in Floridsdorf

Die erste Generation der Floridsdorfer Industriellen lebte, arbeitete und starb in der Gemeinde. Es waren angesehene Bürger, die als Wohltäter und in den frühen Vereinen aktiv waren. So lebte der Brauereibesitzer Anton Bosch ab 1825 im Wohn- und Direktionsgebäude an der Prager Straße Georg Puffer kam 1855 als Getreide- und Mehlhändler nach Floridsdorf, wo er ab 1873 auch Bürgermeister war. Die Familie Sild kam schon lange vor 1800 nach Floridsdorf. Und auch die Familie Mautner Markhof war in Floridsdorf nicht nur unternehmerisch tätig, sondern wohnte auch in mehreren großen Häusern an der Prager Straße. Die ab 1870 errichteten Großbetriebe und Fabriken waren hingegen oft internationale Industriebetriebe, die in Transdanubien lediglich ihre Produktionsstätte hatten, wobei die Unternehmer, Besitzer und Großaktionäre nicht in Floridsdorf wohnhaft waren, und sich auch die Verwaltungszentralen in der Wiener Innenstadt befanden. Die „Chefs" kamen kaum einmal persönlich nach Floridsdorf. Eine Ausnahme war Ludwig Lohner, der zwar in der 1878 errichteten Firmenrepräsentanz in der Porzellangasse wohnte, den sein technisches Interesse aber oft ins Produktionswerk in der Donaufelder Straße führte.

Ludwig Lohners Vater, Jakob, hatte in den 1860er-Jahren den Industrialisierungsschub erkannt und statt der handwerklichen Fertigung eine maschinelle Produktion einschließlich eigener Gießerei und Federnherstellung in Floridsdorf errichtet. Jakob Lohner, hier in einer seiner Kutschen, starb 1892.

Anton Bosch stammte aus einer bayerischen Brauerfamilie und übernahm 1815 die Jedleseer Brauerei. Bosch steigerte die Produktion auf monatlich 8.000 Eimer (456.000 Liter). Er war damit kurzzeitig der größte Bierhersteller Wiens. Zudem war er von 1851 bis 1853 erster Ortsvorsteher von Jedlesee.

Anton Bosch heiratete im Jahr 1815 Theresia Wohl. Sie war die Tochter von Jakob Wohl, dem damals das „Spitzer Wirtshaus" und das Brauhaus in Jedlesee gehörten, die sie mit in die Ehe brachte. Theresia Bosch war in Jedlesee für ihre Einfältigkeit ebenso bekannt wie für ihre Wohltätigkeit für Arme.

Anton Dengler übernahm 1868 von seinem Großvater, Anton Bosch, die Jedleseer Brauerei und investierte in künstliche Kühlung, ein neues Sudwerk und neue Lagerkeller in Jedlesee und Langenzersdorf. 1900 wurde die Brauhausrestauration „Zum Gambrinus" in der Hopfengasse fertiggestellt.

Anton Dengler heiratete 1866 Elise, eine Tochter des bayrischen Brauereibesitzers Matthias Pschorr. Nach dem Tod ihres Mannes zog sie sich in die Villa Magdalenenhof am Bisamberg zurück. Sohn Rudolf führte die Jedleseer Brauerei weiter, Tochter Gabriele heiratete den Besitzer der Brünner Brauerei.

Theodor I. Mautner Markhof mit seinem Vierer-Gespann. Die Beziehung zu Pferden war in der Familie sehr ausgeprägt, so war Victor bis 1918 erfolgreicher Rennstallbesitzer. In der Floridsdorfer Linie setzte Theodor I. diese Tradition fort. Hinter seinem Anwesen gab es Stallungen und eine Rennbahn.

Martha Mautner Markhof, geb. Eisl, die Frau von Theodor I., im Garten vor dem „Mautner Schlössl“, in dem Georg II. Anton mit seiner Familie wohnte. Theodor I. und Martha lebten mit zweien ihrer fünf Kinder, Gerhard und Manfred, sowie deren Familien in der Villa auf der anderen Seite der Pragerstraße.

◂ Georg I. Heinrich Mautner Markhof war 1864 auf das Gelände der neu errichteten Hefe- und Spiritusfabrik nach Floridsdorf übersiedelt, sein Sohn Georg II. Anton Mautner Markhof wuchs bereits dort auf. Er heiratete im Jahr 1900 seine Nichte Emy von Reininghaus und zog mit ihr in das vom Vater geplante „Mautner Schlössl“.

Neben den Pferden widmete sich die Familie Mautner Markhof auch der Zucht von Hunden, die in einem Zwinger am Ende des Grundstückes hinter dem Schlössl untergebracht waren. Marceline, die Tochter von Georg II. Anton und Emmy, mit einem der Rassehunde.

Georg Schicht verlegte seine Firma für Kristallsoda 1884 nach Leopoldau. Neben dem Fabrikgelände, wo auch Ätznatron und Chlorkalk produziert wurde, ließ er ab 1900 nach eigenen Plänen die Schicht-Villa im englischen Stil errichten. Als Liberaler war Schicht auch in der Bezirkspolitik aktiv.

Georg Puffer kam 1855 nach Floridsdorf. Er betrieb bis 1871 als Getreide- und Mehlhändler eine Schiffsmühle. Von 1873 bis 1882 war er Bürgermeister und bis zu seinem Tod Gemeinderat. Er war Mitglied des Floridsdorfer Turnvereins, Mitbegründer der Feuerwehr und Proponent der Gemeinde-Sparkasse.

Die Steingutfabrik in der Schloßhofer Straße wurde 1870 von Carl Otto Lederer und Hans Nessényi gegründet. Die Anfänge waren bescheiden, die neuartigen Steinzeugröhren und Chamotteziegel fanden kaum Abnehmer. Doch um 1900 beschäftigte die Fabrik schon 300 Leute. 1938 wurde der Betrieb „arisiert“.

Der Maschinenbauer Ludwig Lohner übernahm 1887 den väterlichen Betrieb mit Sitz am Alsergrund und der Produktionsstätte an der Donaufelder Straße. Im Jahr 1897 begann er mit dem Automobilbau, berühmt wurde vor allem der Lohner-Porsche „Mixte“ (1902). Am Steuer sitzt E.W. Hart, neben ihm Porsche.

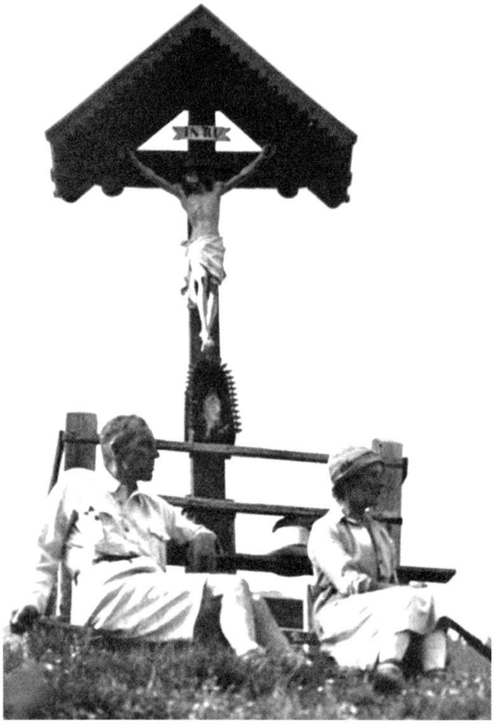

Die Silds waren angesehene Floridsdorfer Kaufleute, Conrad betrieb am Spitz ein Importgeschäft. Sein Sohn Hans wurde Rechtsanwalt und war bekannter Bergsteiger, ebenso seine Frau Cenzi von Ficker, die an mehreren Kaukasus-Expeditionen teilnahm. Das Bild der beiden entstand 1936 in Wald im Pinzgau.

Neben den Großindustriellen wurden ab 1870 auch viele weitere Unternehmer tätig, sei es in der Glasindustrie, im Metall- oder Baugewerbe. Ihre Gräber auf Floridsdorfer Friedhöfen zeigen ihre lokale Verwurzelung. Grab von Friedrich Fitz, Baustoffhändler (und ab 1938 Wiener Kreissportführer).

7

„Privatbeamte" und Angestellte

In der „Floridsdorfer Zeitung" fand sich 1914 folgende Annonce: „Vermögendes Fräulein wünscht sich zu verehelichen. Staats- oder Privatbeamter in gesicherter Stellung bevorzugt". Der „Privatbeamte", heute noch in Form des „Bankbeamten" präsent, war bis in die 1930er-Jahre der Oberbegriff für die zweite Schicht der mit Leitungs- und Verwaltungsfunktionen betrauten Gehaltsempfänger in Banken, Versicherungen, großen und mittleren Konzernen. Weil die Besitzer, Direktoren und Vorstandsmitglieder nahe den Verwaltungszentralen wohnten, übernahmen die „Privatbeamten", oft Techniker, Juristen oder Wirtschaftsfachleute, innerhalb der Fabrikhierarchie die Funktion des Arbeitgebers. Außerdem lebten diese Angestellten oft in der Nähe der Fabriken, in denen sie tätig waren, und bildeten daher auch in Floridsdorf, gemeinsam mit den Staatsbeamten und Kleinindustriellen, einen wichtigen Teil der bürgerlichen Oberschicht. Sie bewohnten die Beletage der Bürgerhäuser oder Villen am Stadtrand, sie waren die ersten Autobesitzer im Bezirk, spielten Tennis, schickten ihre Familie in die Sommerfrische und frequentierten die noblen Floridsdorfer Veranstaltungen.

Vor Einführung einer Berufsfeuerwehr mussten sich die Floridsdorfer Industriebetriebe auch auf ihre Betriebsfeuerwehr verlassen können, die wegen der prekären Arbeitsverhältnisse in vielen Betrieben zu zahlreichen Einsätzen gerufen wurde. Feuerwehr bei Brevellier & Urban im Jahr 1901.

Die Brauerei zum St. Georg war um 1910 der viertgrößte Bierproduzent in Österreich. Je größer der Betrieb, desto mehr mussten sich Besitzer wie Theodor I. Mautner Markhof (Mitte) auf ihr Führungspersonal, den Braumeister Direktor Rokyta (links davon) und seine Mitarbeiter, verlassen.

Die Brauerei Jedlesee wurde 1928/29 in die Vereinigte Brauereien AG integriert, die Anlagen in Jedlesee aber noch als Lager genutzt. Johann Nachtnebel (2.v.r.), der auch in Floridsdorf wohnte, war viele Jahre als Depotleiter tätig und genoss das Ansehen der Familie Mautner Markhof.

Bei der Entwicklung von Flugzeugen war Ludwig Lohner nicht zuletzt auf die Erfahrung seines Werkmeisters Heinrich Boenisch (hier in einem Lohner-Flugzeug) angewiesen. Während Lohner im Stadtbüro tätig war, arbeitete Boenisch, der im ehemaligen Landhaus der Gräfin Erdödy wohnte, vor Ort.

Im Jahr 1908 nahm die F.I.A.T.-Werke AG Wien die Produktion zunächst nur als „Assembling" auf, 1910 gab es schon eine Fertigung vor Ort. In der Montageabteilung (hier im Jahr 1910) unterschieden sich die Angestellten von den Arbeitern schon durch ihre weißen Arbeitsmäntel.

1912 bot die FIAT-Fabrik einen Automobilkurs für Polizeibeamte an. Direktor Ladislaus Jonasz fungierte als Instruktor. Unter den Gästen Erzherzog Franz Salvator (1. Reihe, 3.v.r.), der Vizepräsident der k. k. Polizeidirektion Baron Gorup (4.v.r.) und der Zentralinspektor der Sicherheitswache Dr. Pammer (2.v.r.).

Rudolf Mütz war Direktor der Bleicherei und Färberei Hermann Pollack's Söhne in Jedlesee. Er wohnte im Fabrikgebäude, so hatte er es weder weit zur Arbeit noch zum Sportplatz der Admira, wo er von 1924 bis 1930 Präsident war. Mütz wurde 1943 in einem NS-Lager in Serbien ermordet.

Zehn Jahre, wenn auch unterbrochen durch den Ersten Weltkrieg, dauerte die Fertigstellung des Neubaus der Floridsdorfer Brücke. Neben der Baustelle befand sich ein Bürogebäude, wo Techniker und Ingenieure den Arbeitsfortschritt leiteten und überwachten. (Foto aus dem Jahr der Fertigstellung 1923).

Anton Apolds Vater war Privatbeamter in Floridsdorf, so wuchs der Sohn in Jedlersdorf auf. Ab 1922 war Apold als Generaldirektor der Alpine Montan einer der mächtigsten Männer Österreichs und wichtiger Unterstützer der NSDAP. Das einzige veröffentlichte Foto Apolds entstand 1931 bei der Hochzeit seiner Tochter.

Im Juni 1938 führte der Abteilungsleiter der Deutschen Arbeitsfront, Dr. Bruno Malitz, mit den örtlichen Betriebsführern durch die Räumlichkeiten der Lofag. Der Wiener Presse wurde vorgeführt, was das „Reichsamt Schönheit der Arbeit" für die Volksgenoss*innen leisten wollte.

Oft hatten die Firmenchefs der Floridsdorfer Konzerne auch Kontakte zum Adel: So war Anton III. Urban (sitzend re.), der Vizepräsident des Verwaltungsrates und technische Zentraldirektor der Schraubenfabrik Brevillier & Urban, 1936 zur goldenen Hochzeit von Graf und Gräfin Kulmer geladen. ▶

Bei der NÖ Landesausstellung 1936 in Bruck/Leitha wird Bundespräsident Wilhelm Miklas von den Direktoren der Landmaschinenfabrik Hofherr & Schrantz – Clayton Shuttleworth durch den Messestand geführt. Die leitenden Angestellten der Konzerne hatten Kontakte bis in höchste Kreise.

Bei der Wiener Verkehrsschutz-Ausstellung 1926 wird Bundespräsident Michael Hainisch (Mitte) von Regierungsrat Berthold Zwillinger (links von ihm), dem Generaldirektor der Floridsdorfer Raffinerie, durch die Exposition geführt. Ab 1923 war der Shell-Konzern Mehrheitseigentümer des Betriebs.

1958 wurde die Republik Österreich Mehrheitseigentümer der Österreichischen Automobilfabrik und versuchte mit großem Finanzaufwand, die Arbeitsplätze zu erhalten. Besuch von Bezirksvorsteher Otmar Emerling und Stadtrat Kurt Heller in der Fabrik, die ab 1971 Teil des MAN-Konzerns wurde.

8

Kirchen, Pfarrer, Rabbis

Schon um 1500 galt der Pfarrer neben dem Gutsherrn und dem Bürgermeister als Respektsperson im Dorf. Die älteste katholische Pfarre ist jene von Leopoldau. Jedlersdorf war bereits von 1538 bis 1583 eine eigene Pfarre, ehe es 1783 unter Josef II. erneut das Pfarr-Recht bekam. In Jedlesee wurde 1713 die Loretto-Kapelle erbaut, die 1783 den Pfarr-Status erhielt. Die Gemeinde Floridsdorf ließ 1794 eine Kapelle errichten, die 1836 als Kirche St. Jakob der Chorherren von Klosterneuburg neu gebaut wurde. Ab 1880 existierte auch eine Israelitische Kultusgemeinde Floridsdorf, doch schon zuvor war ein jüdischer Friedhof angelegt und 1877 eine Synagoge mit 390 Plätzen errichtet worden. Im Jahr 1906 wurde in Floridsdorf auch eine Evangelische Gemeinde A.B. gegründet. Besonders die katholischen Pfarrer spielten im kulturellen Leben Floridsdorfs eine wesentliche Rolle, vor allem durch die Rückendeckung des Chorherrenstifts Klosterneuburg, das als größter Grundbesitzer auch erhebliche weltliche Macht besaß. Die Pfarrer waren öffentlich sehr präsent, eröffneten Veranstaltungen und segneten Feste.

An der Grundsteinlegung der Donaufelder Kirche im Juni 1905 nahmen viele bedeutende Persönlichkeiten teil, an der Spitze Kaiser Franz Joseph und Bürgermeister Karl Lueger. Die Pfarrkirche war ursprünglich als Bischofssitz gedacht, als Floridsdorf die Hauptstadt Niederösterreichs werden sollte.

Die 1836 erbaute katholische Pfarrkirche St. Jakob in Floridsdorf (li.) war das Zentrum des religiösen Dorflebens. Schon um 1900 war der Bau zu klein, doch erst 1936 wurde nach Plänen von Robert Kramreiter eine neue Kirche erbaut. Sie gilt als wichtiges Bauwerk des Austrofaschismus in Wien.

1894 wurde in Floridsdorf ein „Club der evangelischen Glaubensgenossen" gegründet und von 1904 bis 1906 eine Kirche errichtet (li). 1875 wurde mit der Sammlung von Spenden für eine Synagoge begonnen. Weil rasch 6.000 Gulden beisammen waren, wurde das jüdische Bethaus schon 1877 fertiggestellt.

Joseph Samuel Bloch war ab 1880 der erste Rabbiner der jüdischen Gemeinde in Floridsdorf. Von 1883 bis 1895 fungierte er als Mitglied des Abgeordnetenhauses, wo er vehement jüdische Interessen vertrat. Bloch war Vertreter eines nationalen Judentums, aber Gegner eines politischen Zionismus.

Die wichtigste katholische Einrichtung Floridsdorfs war das „Pensionat" in Strebersdorf. 1886 waren die „Schulbrüder" in den ehemaligen Gutshof eingezogen. Neben dem Schulunterricht und der Lehrerausbildung war das „Marienheim" ein Zentrum für den Ordensnachwuchs und Verwaltungsstätte (aufgenommen 1951).

Rudolf Eichhorn war ab 1881 Cooperator der Pfarre St. Jakob und von 1887 bis 1889 deren Pfarrer. Er war Reichsratsabgeordneter und christlichsozialer Reformer, in diesem Sinn setzte er sich für Arme und Entrechtete ein und versuchte das Leid der Arbeiter im Bezirk auch konkret zu lindern.

Der Augustiner-Chorherr Pius Parsch war Professor für Pastoraltheologie und gilt als Wegbereiter einer für alle Christen verständlichen deutschsprachigen Liturgie, trat vor 1938 aber auch für eine Aussöhnung zwischen Kirche und Nationalsozialismus ein. Zwischen 1940 und 1945 war er Seelsorger in Floridsdorf.

9

Zinskasernen und ihre Besitzer

Gerade in Floridsdorf wurde für das Bürgertum der Bau von Zinshäusern und die Vermietung von Wohnraum zum lukrativen Geschäft. Weil sich viele Hausherren keinen ganzen Straßenblock leisten konnten, wurden die Grundstücke im Sinne der Randblockbebauung aufgeteilt. Zur Maximierung des Gewinns strebten die Eigentümer eine optimale Nutzung an. So erlaubte die Bauordnung von 1883 eine Verbauung bis zu 85 Prozent der Grundfläche, zudem plante man eine maximale Wohndichte, meist Zimmer-Küche-Wohnungen, gebaut als „Bassenatypus". Nur die Straßenfronten repräsentierten Bürgerlichkeit. Besonders der erste Stock, die Beletage mit der Hausherrenwohnung, wurde dekorativ gestaltet. Zu Beginn des 20. Jahrhunderts wurden ganze Straßenzüge, z.B. in Neujedlersdorf und Jedlesee, mit spätgründerzeitlichen Miethäusern hochgezogen, deren Fassaden oft secessionistischen Dekor aufwiesen (Baumeister-Jugendstil). Trotz des Baubooms überwog die Nachfrage das Angebot, die Mieten waren enorm und konnten oft nur durch Untervermietung aufgebracht werden. Gerade in Floridsdorf bedeutete das Wohnbauprogamm des „Roten Wien" ein enormes Plus an Lebensqualität.

Das Haus in der Brünner Straße, aufgenommen um 1916, war ein einstöckiger Bau aus der Gründerzeit, geprägt durch einen streng historistischen Stil. Die Bewohner*innen haben sich für den Fotografen adrett gemacht. Allein die neun Kinder vor dem Eingang verweisen auf die beengten Wohnverhältnisse.

Die Angerer Straße, hier um 1900, erweckt durch die reich verzierten Fassaden den Eindruck von Bürgerlichkeit. Im Erdgeschoss befinden sich einige Geschäfte und ein Kaffee-Restaurant, im ersten Stock befand sich vermutlich die Wohnung des Hausherrn, darüber billige Kleinstwohnungen.

Auch in den 1920er-Jahren waren viele Gründe beidseits der Prager Straße noch Wiesen. An der Ecke zur Morsegasse, heute dichtbebautes Gebiet, stand um 1925 nur ein Zinshaus, ein typisches Beispiel der baulichen Verdichtung der Vorstädte durch Randblockbebauung und rasterförmige Straßen.

Die dreistöckigen Zinshäuser an der Brünner Straße 76–80 wurde im Jahr 1911 von Franz Aubrecht und Franz Palisek im Baumeister-Jugendstil errichtet. Zwischen den Miethäusern gab es in Jedlersdorf noch Felder und Wiesen. Auf der linken Seite eine Straßenbahn der Linie 31 im eingleisigen Betrieb.

Rund um einen Park auf dem Bismarckplatz (hier um 1900, heute Hoßplatz) wurden große Zinshäuser gebaut, in deren Erdgeschoß – wegen der Nähe zum Ortszentrum – etliche Geschäfte und Kaffeehäuser untergebracht waren. Im Haus Nr. 20 eröffnete Franz Poppenwimmer 1911 das „Bismarck-Kino".

Der Kirtag in Jedlesee, hier um 1950, findet seit 1745 jeweils am ersten Wochenende im September statt. Hinter den Standeln prägt eine vorgründerzeitliche Bebauung den dörflichen Charakter , so wurde das Haus rechts schon 1771 gebaut. Jedenfalls waren bei den beengten Verhältnissen soziale Konflikte vorprogrammiert.

Ein Jahr Krieg, dennoch – oder gerade deshalb – fand 1915 in Jedlesee ein Platzmusikkonzert statt. Das Publikum war sehr gemischt. Im Hintergrund sind die Zinshäuser in der Gerstlgasse zu erkennen, von denen man auf die 1899 eröffnete Kaiser-Franz-Josef-Jubiläumsschule blickt.

Nur wenige Dienstgeber stellten den Arbeiter*innen Wohnraum zur Verfügung. Eine Ausnahme war die Nordwestbahn-Kolonie. 1873 wurden acht Häuser mit 80 Wohnungen gebaut, sie bestanden aus Zimmer und Küche für Verheiratete und Kabinetten für Ledige. Zu jeder Familienwohnung gehörte ein Gärtchen.

In Floridsdorf gab es neben den Zinshäusern auch Bürgerhäuser. So ließ Conrad Sild vom Architekten und Otto-Wagner-Schüler Friedrich Dietz von Weidenberg am Spitz ein Jugendstil-Haus errichten, in dem Geschäft und Wohnung untergebracht waren. Weltkugeln am Dach betonten die globale Bedeutung des Handelshauses.

Speziell in den Ortskernen hatten sich kleine Bürgerhäuser erhalten, andere wurden in der Gründerzeit neu errichtet. Hier wohnten alteingesessene Familien sowie Beamte, Gewerbetreibende oder Kleinindustrielle. Viele dieser Häuser hatten Gärten, die weniger für Gemüse als für Zierpflanzen dienten.

In der Schwarzlackenau ließ 1913 eine gemeinnützige Baugenossenschaft nach Plänen von Karl Amlacher und Hans Sauer ein Beamtencottage aus zehn Doppelhäusern errichten, die an Floridsdorfer Polizisten, Beamte oder Lehrer verkauft wurden. Hier erwarb auch Hans Nachtnebel, Depotleiter der St.-Georgs-Brauerei, eine der Haushälften.

10

Freie Berufe

In den kleinen transdanubischen Dörfern gab es lediglich Dorfbader und Tierärzte, am Spitz etwa ab 1850 einige Rechtsanwälte und Notare. Doch mit der Industrialisierung wuchs der Bedarf an Vertretern der „freien Berufe". Um 1905 gab es im 21. Bezirk bereits 30 Ärzte, 54 Hebammen, sechs Tierärzte und sechs Apotheker, womit der Bezirk freilich juristisch und medizinisch krass unterversorgt war. Von den – um 1935 – etwa 20 Rechtsanwälten des Bezirkes war die Hälfte jüdisch. Den meisten gelang nach dem „Anschluss" die Flucht, Max Ticho und Heinrich Lipschitz wurden in Vernichtungslagern ermordet. Auch bei den etwa 70 Ärzt*innen waren über 50 Prozent jüdisch, wie Elie Doregger, Samuel Russ und Ignaz Seidl, die von den Nationalsozialisten umgebracht wurden. Einen Sonderfall stellten die staatlichen Einrichtungen dar: Ab 1896 hatte Floridsdorf ein zu Korneuburg ressortierendes Bezirksgericht, das 1906 dem Landesgericht Wien unterstellt wurde. Ein Spital bekam Floridsdorf erst 1945, nachdem es ab 1894 ein Notspital gegeben hatte. Ein 1942 eingerichtetes Hilfsspital wurde in den letzten Kriegstagen in ein städtisches Ausweichspital umgewandelt.

Im ländlichen Floridsdorf war der Tierarzt vielleicht noch wesentlicher als der Bader für die Bewohner*innen, schließlich hing von der Gesundheit der Pferde oder Kühe der Lebensunterhalt etlicher Familien ab. Dr. Karl Caithaml ordinierte in der Jedlersdorfer Baumergasse (Bild von 1935).

Bis 1942 hatte Floridsdorf nur Notspitäler, dann wurden zwei Schulen in ein Hilfskrankenhaus umgewandelt, das jedoch von der Wehrmacht als Lazarett verwendet wurde. Erst in den letzten Kriegstagen wurde es wieder zum Spital. In der Bildmitte Wilhelmine Hoß, die den Betrieb organisierte.

Josef Paur sen. war ein bekannter niederösterreichischer Arzt, sein Sohn Josef Philipp Ferdinand Paur (1885–1963, stehend li.) fungierte als Oberstadtarzt in Floridsdorf. Er war bei der Gemeinde angestellt und hatte die Aufgaben eines heutigen Gesundheitsamtes sowie eines Gutachters zu erfüllen.

Der Deutschnationale Jurist Alfred Knotz war von 1885 bis 1890 Reichsratsabgeordneter. Von 1896 bis 1902 saß er für Floridsdorf im NÖ Landtag, von 1899 bis 1903 hatte er eine Kanzlei in Floridsdorf. Der Rechtsanwalt Max Ticho betrieb bis 1938 seine Kanzlei am Spitz. Er wurde 1942 im KZ ermordet.

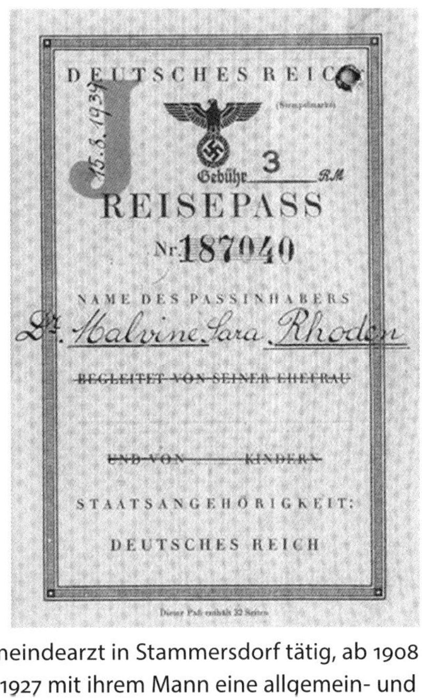

Leopold Nekowitsch (1871–1925) war ab 1896 als Gemeindearzt in Stammersdorf tätig, ab 1908 saß er im Gemeinderat. Malvine Rhoden betrieb ab 1927 mit ihrem Mann eine allgemein- und frauenärztliche Praxis im Zentrum Floridsdorfs. Ihnen gelang im letzten Moment die Emigration nach England.

Rudolf Botstieber leitete ab 1894 das Notspital in Donaufeld, 1897 wurde er dort Gemeindearzt, ab 1904 arbeitete er in der Floridsdorfer Arbeiter-Krankenkasse und ab 1914 war er Chefarzt im Lazarett in der Franklinstraße. Er engagierte sich aber auch im Donaufelder Verschönerungsverein.

Max Adler (1873–1937) war ein führender Theoretiker der SDAPÖ, Professor für Gesellschaftslehre an der Universität Wien, engagierte sich bei den Kinderfreunden und an der Arbeiterhochschule. Adler saß von 1919 bis 1921 für Floridsdorf im NÖ Landtag und betrieb bis 1934 eine Kanzlei in der Hermann-Bahr-Straße.

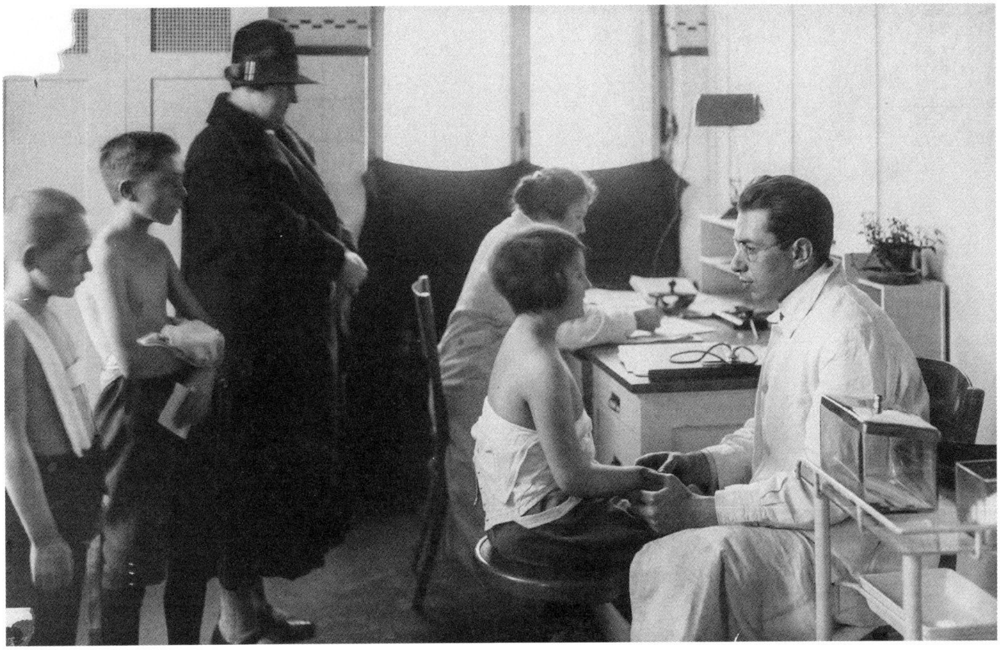

Noch 1920 war Tuberkulose, wegen der herrschenden schlechten Lebensbedingungen auch „Wiener Krankheit" genannt, mit nahezu 15 Prozent der Sterbefälle die zweithäufigste Todesursache in Österreich. Das „Rote Wien" startete umfangreiche Fürsorgemaßnahmen: TBC-Stelle in der Gerichtsgasse (1927).

Am 5. April 1945 wurde das Krankenhaus Floridsdorf mit 180 Betten in Betrieb genommen, obwohl es weder Fließwasser noch Strom, kaum Medikamente und keine Verpflegung gab. Die Grundsteinlegung für einen neuen Mitteltrakt erfolgte 1954: Bürgermeister Jonas, Oberschwester, Primarius Riese.

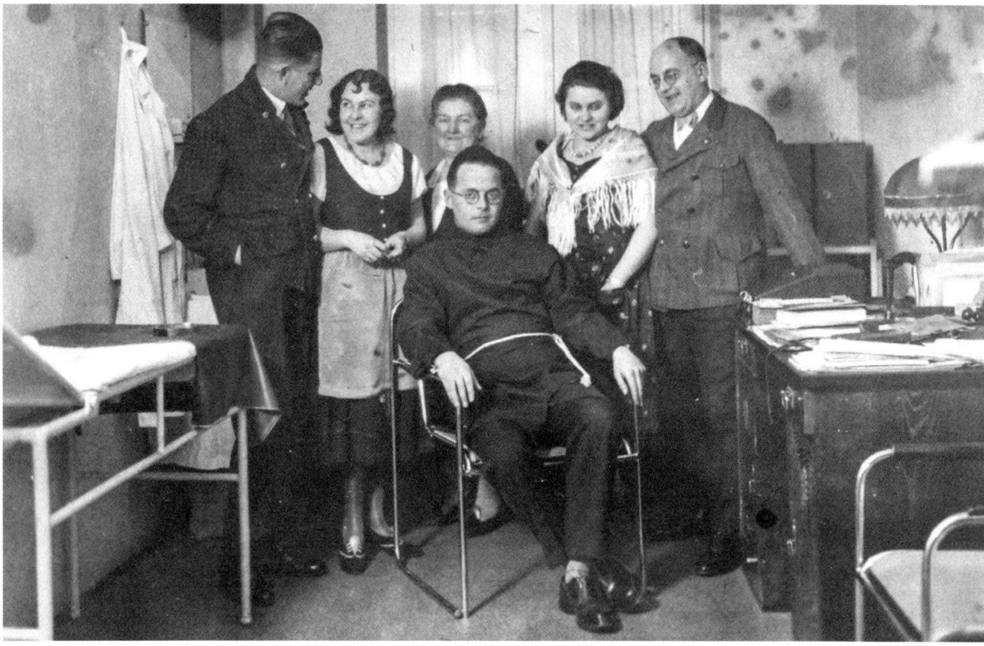

Bei der Fertigstellung großer Gemeindebauten wurde stets auch zumindest eine medizinische Grundversorgung mit berücksichtigt. Mit dem Einzug der ersten Mieter*innen eröffnete auch Gustav Dreßler seine Ordination in der Gartenstadt. Sein Gräf & Stift war lange das einzige Auto im Gemeindebau.

Beim Bau eines neuen Gemeindebaus in der Prager Straße Mitte der 1950er-Jahre (heute Franz-Jonas-Hof) wurden neben einem Allgemeinmediziner auch verschiedene Facharztpraxen mit eingeplant, unter anderem eine Zahnarztordination. Der „Herr Doktor“ erwartet die ersten Patient*innen.

11
Das Gewerbe

In den Dörfern des heutigen Floridsdorf existierten, vom Bäcker bis zum Schmied, viele lokale Gewerbebetriebe. Doch erst die Industrialisierung ließ rund um den Spitz eine rasch wachsende Infrastruktur von Händlern und Gewerbetreibenden entstehen. Neben die Wirtshäuser und Branntweiner, Schlosser und Tischler, Fleischhauer und Milchgeschäfte traten schon vor 1900 auch Kaffeehäuser und Eisdielen, Installateure und nicht zuletzt, als deutlichstes Zeichen einer Konsumgesellschaft, Kaufhäuser und Modegeschäfte. Etliche Kaufhäuser, von Sinai bis Wodicka, aber auch billige Gemischtwarenhandlungen gehörten jüdischen Besitzern, die ab 1938 vertrieben oder ermordet und deren Geschäfte „arisiert" wurden. Auch weiter draußen an den Ausfallsstraßen siedelten sich immer mehr Gewerbebetriebe an, vom Holzhändler bis zur Baustofffirma und zum Transportunternehmen. Noch weiter draußen in den Dorfzentren gab es zahlreiche kleine Greißlereien, bei denen der tägliche Bedarf gedeckt wurde. Nicht zuletzt existieren nahezu abgeschottete Mikrokosmen wie die Romane Thana am Mühlschüttel, wo sich Lovara-Familien der Pferdezucht widmeten.

Je schlechter die Zeiten Ende der 1920er-Jahre wurden, desto mehr mussten die Gewerbetreibenden und Dienstleister im Konkurrenzkampf auf Werbung setzen. Dieser Friseur setzte auf die Belustigung der potentiellen Kundschaft, indem er mit brachialen Mitteln seinem Handwerk nachging.

Familie Sinai kam 1876 aus Deutschkreutz nach Floridsdorf. Der jüngste Sohn Heinrich betrieb ein „Kleider Etablissement" im Lehndorfer-Hof, dem Zentrum des jüdischen Lebens im Bezirk. Das Geschäft wurde 1938 „arisiert", Heinrichs Nachfolger Edmund starb 1940 im Exil in Shanghai.

Ignaz Wodicka übersiedelte 1884 nach Floridsdorf, im Jahr 1907 eröffnete er gegenüber dem Amtshaus ein großes Kaufhaus, das zur wichtigsten Einkaufquelle des Bezirkes wurde. Wodicka starb 1924, das Geschäft wurde 1938 von Georg Bodenburg „arisiert".

Im Amtshaus betrieb Franz Eckl (2.v.li.) eine Zeitlang einen Frisiersalon für Damen und Herren. Das Angebot richtete sich primär an eine bürgerliche Kundschaft, denn Arbeiter*innen leisteten sich keinen Friseur. Eckl wird wohl vor allem Schnurrbärte gestutzt und Ballfrisuren kreiert haben.

Die Floridsdorfer Hauptstraße um 1905. Zumindest nahe dem Zentrum beherbergte fast jedes Haus mehrere Geschäftslokale wie den Siebmacher Ignaz Obermayer, den Lederzuschneider Josef Glaser und den Bäcker Franz Meissl. Hier siedelten sich auch viele jüdische Geschäftsleute an. ▼

Franz Bittner nannte seinen Gasthof in der Angerer Straße „Café-Restaurant" (Bild von 1924). Er bildete die Basis einer erfolgreichen Familiendynastie. So wurde Enkel Markus Direktor des Floridsdorfer Gymnasiums, Vizepräsident des Stadtschulrates und Mitglied des Gemeinderates.

Der „Einkehr-Gasthof zum Goldenen Kreuz" war ab 1860 im Besitz der Familie Schöpfleuthner. Im Hinterhof gab es Wagenremisen und Ställe, denn hier übernachteten viele Fuhrwerker, ehe sie morgens nach Wien fuhren. Nach der Eingemeindung war der Gasthof nur mehr wenig rentabel.

1899 eröffnete die Jedleseer Brauerei das Gasthaus „Gambrinus". Auch nach der Schließung der Fabrik existierte das Lokal weiter. Ein Festsaal im 1. Stock diente nicht zuletzt als Vereinslokal der Admira, die dort acht Meistertitel feierte, aber auch die Übersiedlung in die Südstadt beschloss.

Großteils honorige Herren versammelten sich für ein Foto vor der Weinzentrale von Julius Köller in der Floridsdorfer Hauptstraße. Ein Schnitzel um 1,20 Schilling konnten sich Arbeiter*innen nicht leisten. Ausgeschenkt wurde vor allem Bier aus der Mautner Markhof'schen St.-Georgs-Brauerei.

Schon 1787 eröffnete Matthias Ertl in der Hauptstraße eine Holzhandlung. 1811 wurde sie von Seilermeister Josef Sild erworben. Sein Sohn Lambert stieg ins Im- und Exportgeschäft ein, dessen Frau Anna betrieb in der Hauptstraße lange Zeit eine Gemischtwarenhandlung (Bild um 1900).

Mit dem Einzug der Moderne sowohl in die Zinskasernen wie in Einfamilienhäuser wurde der Beruf des Installateurs (hier die Firma Kozak in der Prager Straße um 1910) immer wichtiger. Er warb für die Einrichtung von Badezimmern, die Anlage von Closets und den Anschluss an die Hochquellwasserleitung.

In der Gemischtwarenhandlung wurde alles gekauft, was über den Bedarf an täglichen Lebensmitteln hinaus ging. Im 1894 eröffneten Geschäft des Leopold Salomon in der Hauptstraße 44 konnte man etwa Seifen und Grammophone, Sauerkraut und Liköre, Briefmarken und Tabak erwerben.

Im Haus des Gasthofes „Zum goldenen Kreuz" in der Hauptstraße eröffnete Ludwig Zeni, der erste Produzent von Speiseeis in Floridsdorf, 1896 seinen Eissalon, der sich als billiges Vergnügen großer Beliebtheit erfreute. Für größere Veranstaltungen lieferte Zeni per Lastenfahrrad nach Hause.

Familie Bernreiter ist schon lange in Jedlersdorf ansässig. Betrieb man zunächst Ackerbau und Viehzucht, eröffnete man 1864 ein Lebensmittelgeschäft. Das Bild zeigt Magdalena Bernreiter um 1920 vor der Gemischtwarenhandlung. Ab 1919 widmete man sich primär dem Weinbau und der Ausschank.

Die Buch-, Kunst und Musikalienhandlung Franz Böhm (Mitte) in der Brünner Straße verkaufte Ende der 1930er-Jahre auch Ansichts- und Postkarten, unter anderem Porträts von Adolf Hitler. Mit Sakko und Fliege demonstrierte der Besitzer, dass er eine besser gestellte Kundschaft erwartete.

Das Café von Ludwig Plotzer am Bismarckplatz (heute Hoßplatz) 11 war in den 1920er-Jahren ein beliebter Treffpunkt vor allem auch für Lokalpolitiker. In den Auslagen verkündete man daher stolz, dass im Lokal auch telefoniert werden konnte. Auch die KPÖ hielt hier Sitzungen ab.

◄ Der erste Rauchfangkehrer wurde in Wien schon 1512 erwähnt, seit 1664 gab es eine Innung, aber auch Zwiste um Rayons und Kehrberechtigungen. Bis ins 19. Jahrhundert blieb das Rauchfangkehrergewerbe in italieni schen Händen. Hier das Geschäftslokal des Wilhelm Destefani in der Prager Straße.

In der Morelligasse am Mühlschüttel eröffnete Nikolaus Wuggenig 1899 einen Gemischtwarenverschleiß. Das Bild entstand nach 1909, weil groß das neue „Hammerbrot" beworben wurde. Es gab aber auch Tabak, Kaffee und Tee, Seifen sowie Farben und Lacke. Im Hintergrund die neue Donaufelder Kirche.

Die Lovara, die sich um 1920 am Mühlschüttel niedergelassen hatten, betrieben Fuhrwerksunternehmen und handelten mit Pferden. Gewaschen wurden Pferde und Wagen bei der Rossschwemme, einem seichten Teil der Oberen Alten Donau. Die Kinder nutzten die Gelegenheit im Sommer zum Baden.

In den alten Ortskernen hielten sich die kleinen Greißlereien bis in die 1960er-Jahre und versorgten die Nachbarschaft mit allem Notwendigen. Heinrich und Karola Jansa in ihrer Strebersdorfer Gemischtwarenhandlung in der Langenzersdorfer Straße, kurz vor der Schließung des Geschäftes.

Bei den zahlreichen Greißlern bekam man auch Milch, Wurst und Brot. Wer eine größere Auswahl suchte, ging ins Milchgeschäft, in die Bäckerei oder zum Fleischhauer. Hier die kleine hölzerne Verschleißstelle von Michael Traxler in Strebersdorf gegen Ende des Zweiten Weltkriegs.

Die Mobilität machte auch vor Floridsdorf nicht Halt. 1926 gründete Theodor Schimanek in Stammersdorf ein Taxi-Unternehmen und präsentierte stolz den Steyr Typ XII, mit dem er betuchte Fahrgäste chauffieren wollte. Schimanek war auch in der sozialdemokratischen Fachgruppe der Fuhrwerker aktiv.

Die Produkte der Präzisionsmaschinenfabrik Wolf & Switzeny in der Gerstlgasse verwiesen in den 1920er-Jahren schon im Namen auf ihre Herkunft, vom Lastendreirad „Floris", von dem allerdings nur drei Exemplare verkauft wurden, bis zu Büroartikeln wie der „Flory"-Heftmaschine.

12

Unterricht und Schule

1794 erhielt Floridsdorf durch das Stift Klosterneuburg seine erste Schule, eingerichtet wurde sie im Haus des Ortsrichters Moosbrugger. 1805 bekam Floridsdorf ein einstöckiges Schulhaus in der Schloßhofer Straße. 1848 wurde das Pflichtschulwesen in Österreich auf eine einheitliche Basis gesetzt, 1850 die Schulpflicht von sechs auf acht Jahre erhöht, doch lag die Besuchsquote unter 60 Prozent. 1870 errichtete die Gemeinde Jedlersdorf eine Schule in der Amtsstraße, binnen weniger Jahre folgten neun weitere Schulen. 1884 wurde die Pflichtschule in fünfklassige Volks- und dreiklassige Bürgerschulen getrennt. Die Schülerhöchstzahl wurde pro Klasse auf 80 begrenzt. Ab 1900 gab es in Floridsdorf auch ein Gymnasium. Nach der Eingemeindung wurde das Volksschulwesen von der Gemeinde übernommen und ein Ortschulrat eingesetzt. 1906 gab es 154 Lehrkräfte, davon 20 Frauen, nur vier Jahre später waren unter 291 Volksschullehrer*innen bereits 112 Frauen. Eine spezielle Einrichtung war das 1889 eröffnete „Pensionat" in Strebersdorf mit angeschlossener Lehrerbildungsanstalt. In den 1920er-Jahren existierten zudem eine Gremialfachschule und Fortbildungsschulen für Schuhmacher, Schlosser, Maschinenschlosser und für Kleidermacherinnen.

Das Pensionat St. Josef startete 1890 mit einer Volksschule, bald wurden Heimschüler aufgenommen, es folgten eine Lehrerbildungsanstalt und 1927 ein Realgymnasium. 1938 wurde das Gebäude enteignet, 1941 eine Schule für 180 Kolonialbeamte, später eine Nationalpolitische Lehranstalt eingerichtet.

Ein erstes Gymnasium in Floridsdorf existierte ab 1900 in der Schloßhofer Straße. 1909 wurde ein neues monumentales Schulgebäude des K.K. Staats-Realgymnasiums in der Franklinstraße fertiggestellt. Ab 1910 konnten Mädchen hospitieren, ab 1919 waren sie als ordentliche Schüler*innen zugelassen.

Der junge Geometrielehrer Richard Knies im Jahr 1915. Weder war er ein gebürtiger Floridsdorfer noch lebte er hier. Das kann als Beleg dafür gelten, dass es um 1900 gerade für den Lehrberuf zu wenig eigenen Nachwuchs gab.

Fröhliche Stimmung herrscht 1956 im Kursalon Hübner beim Ball des RG 21, einem Treffpunkt des bürgerlichen Floridsdorf, das sich spätestens in der Zeit des Wiederaufbaus etabliert hatte. Ernest Judex (re.), Chef einer Büroartikelfabrik, war einer der Burschen aus der „Sexta" von 1914. ▸

Die Professoren (und zwei Professorinnen) der Staatlichen Oberschule für Jungen mit Mädchenklassen, wie das Realgymnasium 21 ab 1938 hieß, trafen sich nach dem Ende des Schuljahres 1941/42 zu einem Abschlussfest. Jüdische Professoren und Schüler gab es zu dieser Zeit längst nicht mehr.

Die „Sexta" des Realgymnasiums versammelte sich im Sommer 1914. Die Burschen sollten, wenn sie den Weltkrieg überlebten, den Grundstock einer bürgerlichen Mittelschicht Floridsdorfs bilden. Denn die Kinder der Oberschicht wurden zu dieser Zeit sicherlich an eine der Wiener Eliteschulen geschickt.

Trotz der ausgedehnten landwirtschaftlichen Nutzflächen im Bezirk herrschte schon im zweiten Kriegswinter 1915 an der „Heimatfront" Hunger: Statt das Einmaleins zu lernen, müssen Schüler der Volksschule in der Ferstlgasse unter Anleitung ihrer Lehrer Felder für den Gemüseanbau vorbereiten.

Weil das alte Schulhaus zu klein war, wurde 1913 in der Jedleseer Schillgasse ein modernes Schulgebäude mit einem angeschlossenen Hort eröffnet. Das Bild zeigt den Lehrkörper der Schillschule, der sich wohl durchwegs dem Bürgertum zurechnete, auch wenn etliche Lehrer*innen der SDAPÖ angehörten.

Der Lehrer der Schillschule Hubert Lukes zwischen seinen Volksschülern. Die Glöckel'sche Schulreform im „Roten Wien" hatte die Schulausbildung wesentlich verbessert, aber noch immer konnte die Schulpflicht durch den Besuch von acht Jahren Volksschule absolviert werden.

Durch die ständige wachsende Zahl an Einwohner*innen mussten ab 1870 etliche neue Schulen errichtet werden. Eine der größten war die 1899 eröffnete Kaiser-Franz-Josef-Jubiläumsschule in der Jubiläumsgasse 19–21 (heute Deublergasse), die als Bürgerschule für Knaben und Mädchen geführt wurde.

Ein Hort in der Ostmarkgasse (1926) demonstriert die Ausweitung der Kinderbetreuung im „Roten Wien", die für Kinder der arbeitenden Bevölkerung vermehrt auch Nachmittagsbetreuung anbot. Bei der Gemeinde angestellte Lehrer*innen betreuten die Kinder, hier beim Werkunterricht der Knaben.

13

Sport und Kunst

Noch vor der ersten Industrialisierungswelle wurde 1865 in Floridsdorf der erste Turnverein gegründet, in dem sich etliche Mitglieder des aufkommenden Bürgertums körperlich ertüchtigten: Bürgermeister Ferstl fungierte als Vereinsobmann, Gründungsmitglieder waren der Stadtzimmermeister Dietz von Weidenberg und etliche Fabrikanten, Ärzte, Kaufleute, Lehrer und Gewerbetreibende. Eher ein Sport der Arbeiterschaft war das Fußballspiel, vor allem beim Floridsdorfer AC und bei der Admira. Dort waren einerseits zahlreiche Gewerbetreibende und Fabrikdirektoren als Funktionäre bei den beiden Großklubs tätig und andererseits war der Profifußball für proletarische junge Männer der einzige Weg zu gesellschaftlichem Aufstieg. Den bürgerlichen Werten verpflichtet war lange Zeit auch das Kunsttreiben, so der ebenfalls schon 1865 gegründete Männergesangsverein Harmonie, dessen Darbietungen viele Festveranstaltungen in Floridsdorf untermalten. Selbst die zahlreichen ab 1900 entstandenen Arbeiterkulturvereine präferierten – von Goethe bis Beethoven – einen bürgerlichen Wertekanon.

Der Floridsdorfer Turnverein wurde 1865 gegründet und avancierte rasch zu einem Zentrum des lokalen Bürgertums, viele Honoratioren bis hin zum Bürgermeister schienen als Gründungsmitglieder auf. Der FTV erteilte an den Schulen Turnunterricht, 1872 gründete man die Freiwillige Feuerwehr als Tochterverein.

Der FTV 1865 führte bereits 1901 eine Frauen- und Mädchenriege ein, an der sich anfangs 14 Turnerinnen beteiligten. Dabei wurde auf Bürgerlichkeit ebenso geachtet wie auf angebliche biologische Unterschiede: Angestrebt wurde ein elastischer und den mütterlichen Aufgaben gemäßer Frauenkörper.

In der Audorfgasse befanden sich die Tennisplätze des Johann Maly, wo sich das junge und ältere sportliche Jedlesee ein Stelldichein gab, trainierte, spielte, Turniere austrug und sich gemütlich zusammensetzte. Ab 1918 war Malys Anlage die „Sektion Lawn-Tennis" der Admira. Bild von 1927.

Der SK Admira war der erfolgreichste Wiener Fußballverein der Zwischenkriegszeit, er gewann zwischen 1927 und 1939 sieben Meistertitel. Die Spieler entstammten meist der lokalen Arbeiterschaft, aber als Profis konnten sie sich einen bürgerlichen Lebensstil leisten. Hier die Meistermannschaft 1927.

Peter Platzer (1910–1959) spielte ab 1933 im Tor des FAC, ab 1934 für die Admira, mit der er vier Mal Meister und Mitropacup-Finalist wurde. Ab 1933 war er Tormann des Nationalteams. Lange wohnte er in der Freihofsiedlung in Kagran und fuhr ein Steyr 100 Cabriolet mit spezieller Kühlerfigur.

In den 1950er-Jahren gründeten viele Fußballklubs zur finanziellen Unterstützung Anhängervereinigungen. 1953 wurde auch ein „Club der Admirafreunde" ins Leben gerufen, der potente lokale Unterstützer des Vereins zusammenfassen sollte. Bild von der Vereinssitzung im Jahr 1954.

Friedrich Dietz von Weidenberg (1871–1941), Sohn eines Floridsdorfer Zimmermanns, studierte bei Otto Wagner. Als Baumeister war er vor allem in Floridsdorf tätig, er plante das Sild-Haus, das Weisselbad, die Gisela-Säle sowie Arbeiterwohnungen, und er war der Hausarchitekt der Familie Mautner Markhof.

◄ Der Floridsdorfer AC auf Tournee in Malta im Februar 1926. Zum einen war der Profifußball für die Spieler ein Weg zu sozialem Aufstieg, zum anderen fungierten Floridsdorfer Gewerbetreibende als Funktionäre: Dritter von links Leopold Klagsbrunn, Fünfter von links Siegfried Samuel Deutsch.

In der 1928 fertiggestellten Zeremonienhalle des israelitischen Teils des Zentralfriedhofes wurden alle Dekorations- und Bautischlerarbeiten von der Floridsdorfer Firma Johann Grünwald's Witwe ausgeführt. Büro und Produktion befanden sich in Floridsdorf, die Schauräume in der Wollzeile.

Karl Nieschlag (1909–1975) wuchs ab 1911 in Floridsdorf auf. Er beschäftigte sich mit Keramik und Bildhauerei, mit Bühnenbildnerei und Musik. Nieschlag schuf zahlreiche Denkmäler für die Stadt Wien. Ab 1950 hatte er ein Atelier in der Baumergasse 58, wo ganz kurz auch der junge Hermann Nitsch arbeitete.

Hermann Nitsch (1938–2022) wuchs in Groß-Jedlersdorf auf und erlangte mit seinem Orgien-Mysterien-Theater Weltruhm. Sein Vater, der im Krieg fiel, war Oberwerkmeister bei der Straßenbahn, seine Mutter Beamtin, der Großvater Ingenieur. Nitsch: „Wir waren eine Mittelschichtsfamilie …".

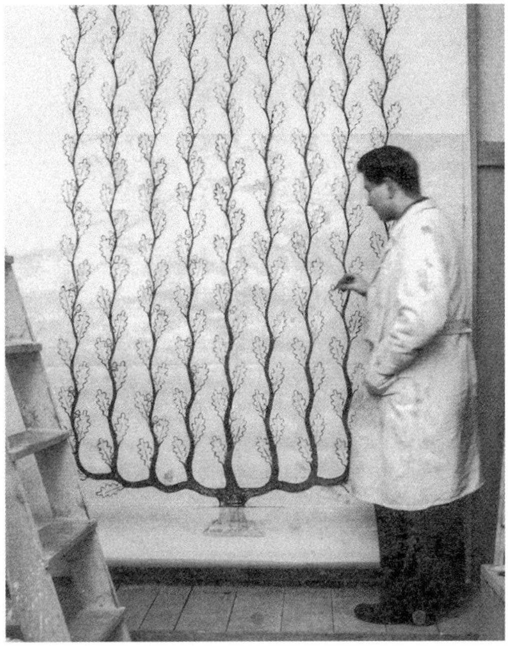

◄ Oskar Icha (1886–1945, 2.v.l.) studierte an der Akademie Bildhauerei, unter anderem bei Anton Hanak. Er war Mitglied der Künstlergruppe „Kunstgemeinschaft" und schuf Kriegerdenkmäler, Skulpturen und Reliefs. Er war Träger der Goldenen Kunstmedaille der Stadt Wien. Icha wohnte in der Freytaggasse.

Das Salonorchester von Karl Treybal musizierte auf etlichen Veranstaltungen, vor allem aber spielte es in der Ära des Stummfilms im Weltbild-Kino zur Untermalung der Filme. Karl Treybal war hauptberuflich Angestellter der Lokomotivfabrik. Seine Kapelle umfasste acht Mann, er spielte die Primgeige.

Fritz Heller (re., mit Heinz Conrads) kam 1893 in Floridsdorf zur Welt. Ab 1920 trat er als Komiker in Cabaret, Theater und Film auf. 1938 nach Dachau deportiert, konnte er 1939 nach Shanghai emigrieren. Ab 1951 trat er mit Karl Farkas im Simpl auf und wirkte als Theater- und Filmschauspieler. ▲

Hermine Kaleta (geb. 1942) absolvierte ein Akkordeon-, später auch ein Klavierstudium. 1958 wurde sie Junioren-Siegerin und 1960 Weltmeisterin im Akkordeonspiel. Neben zahlreichen Fernseh- und Rundfunkauftritten leitete sie von 1986 bis 2002 die Musikschule Floridsdorf.

14

Feste, Feiern, Freizeit, Vereine

Der beschwerliche bäuerliche, später auch proletarische Alltag wurde selten, aber regelmäßig durch Vergnügungen und Feste unterbrochen. Es wurden religiöse Feiertage begangen, sei es Weihnachten oder Christi Himmelfahrt, Chanukka oder Pessach, dazu kamen individuelle Feste wie Taufen, Hochzeiten, die Bar Mizwa oder Begräbnisse sowie populäre Veranstaltungen wie Jahrmärkte, Kirtage oder Tanzveranstaltungen. Bei vielen Festen wollte die bürgerliche Kultur unter sich bleiben, von den Empfängen des Bürgermeisters bis zum „Ball der christlichen Schuhmacher". Es gab Theatervorführungen in den Giselasälen und Konzerte des Chorvereins Harmonie, die einen bürgerlichen Charakter aufwiesen. Sozialdemokrat*innen konnten durchaus willkommen sein, wenn sie sich dem bürgerlichen Mode- und Umgangston anpassten. Daneben gab es die kleinen privaten Vergnügungen, die dadurch geprägt waren, dass nur Bürgerliche die nötige Freizeit für Wanderungen, Radausflüge, Kegelabende, Tennisturniere, private Faschingseinladungen oder ein Wochenende am eigenen Badestrand an der Alten Donau hatten.

Der Schützenverein Jedlesee wurde 1892 gegründet und bestand vor allem aus ehemaligen Soldaten, wie die zahlreichen Orden auf der Brust belegen. Die oft deutschnationalen Vereine widmeten sich primär sozialen Aufgaben. Bild von 1905. Obmann war Anton Schwarz, Vorstand des Floridsdorfer Eichamtes.

Der Floridsdorfer Männergesangsverein Harmonie 1865 entstand aus einer Gesangsrunde von Lehrer Treixler, Fleischhauer Ullmann und Schlosser Schönsteiner. Schon bald trat der Chor bei jeder größeren Veranstaltung im Bezirk auf. Frauen wurden erst ab dem Jahr 1921 aufgenommen.

Ein Foto vom 40. Jubiläum des Männergesangsvereines Harmonie im Jahr 1905. Fahnenmutter Berta Angerer, die Gattin des Ex-Bürgermeisters, mit den Ehrenjungfrauen und dem Bannerträger der neuen Fahne. Zu dieser Zeit hatte der Verein bereits 75 aktive und 140 fördernde Mitglieder.

Der Distanzritt im Jahr 1892 war eine brutale militärische Übung für deutsche und österreichische Offiziere zwischen Berlin und Wien und umgekehrt. Ziel der deutschen Reiter war Floridsdorf. Der deutsche Sieger wurde von einer jubelnden Menge empfangen, sein Pferd verendete tags darauf.

1891 wurden Theateraufführungen ins Programm der Strebersdorfer Schulbrüder aufgenommen. Ab 1912 spielte man zu Weihnachten und im Fasching im großen Saal, der 250 Personen Platz bot. Brüder, Zöglinge und ehemalige Schüler führten Märchen und Lustspiele, aber auch Werke von Raimund oder Shakespeare auf.

Anton Urban III., Vorsitzender des Verwaltungsrates der Schraubenfabrik Brevillier & Urban, veranstaltete in einem Jedlersdorfer Wirtshaus einen jährlichen Kegelabend für die Führungsetage seiner etwa 1.600 Mitarbeiter im Floridsdorfer Werk. Auch die Gattinnen waren eingeladen. Bild um 1914.

Das Fasslrutschen ist ein jährlicher Klosterneuburger Brauch zum Fest des Heiligen Leopold. In reduzierter Form – und mit deutlich kleineren Fässern – wurde das Fest in den 1920er-Jahren auch bei einem Stammersdorfer Heurigen begangen. Die Hetz' dürfte trotzdem groß gewesen sein.

Theodor Schmidt (4.v.l.), Erbe der Süßwarenfabrik Viktor Schmidt, Präsident des Österreichischen Hauptverbands für Körpersport, besaß an der Oberen Alten Donau ein Bootshaus namens „Florida", in dem er bekannte Sportler und Funktionäre, hier das Schwimm-Nationalteam im Jahr 1928, bewirtete. ▲

Ein Mal im Jahr lud Direktor Julius Heller von Brevillier & Urban die Kinder der leitenden Angestellten zu sich in seine Villa und gab eine Kinderjause. Adrett gekleidet nehmen die Kinder im Treppenhaus Aufstellung für den Fotografen, schließlich soll der Anlass dokumentiert werden.

Der Lehrer Hubert und seine Schwester Hedwig Lukes (2. und 3.v.r.) hatten 1913 ein Haus in der Genossenschaftssiedlung in der Schwarzlackenau gekauft. Doch dann hatte der Krieg begonnen und die Zeit reichte gerade für einen Ausflug in den Jedleseer Aupark (Foto von 1915).

Natürlich drohten gerade in Floridsdorf täglich Bomberangriffe, aber während viele Arbeiterinnen im Jahr 1944 auch am Wochenende am Fließband standen und die Männer ersetzen mussten, konnte sich diese junge Frau einen Radausflug zum Bisamberg gönnen, um dem Krieg für kurze Zeit zu entfliehen.

Einen trüben Winternachmittag nutzen Eisstockschützen für ein Spiel auf der zugefrorenen Alten Donau. Das Spiel hat in Wien – im Gegensatz zu alpinen Gegenden – keine lange Tradition, vor allem nicht als sportlicher Bewerb. Es wird also ein kleines Sonntagsvergnügen gewesen sein.

Fünf Frauen unternehmen im Sommer 1930 eine Bootsfahrt auf der Alten Donau. Bekannt sind aus dieser Zeit, mitten in einer schweren Wirtschaftskrise, weit eher Bilder von den Ufern des Donaukanals, wo das Baden gratis war. Das Vergnügen im Strandbad und die Bootsmiete waren nicht selbstverständlich.

Junge Leute beim Kartenspiel im Garten der „Villa Klagsbrunn" in der Pilzgasse. Die auffällige Perspektive des Bildes kommt nicht von ungefähr, stammt sie doch vom jungen Medizinstudenten Kurt Klagsbrunn, der nach der Emigration 1938 einer der bekanntesten Fotografen Brasiliens wurde.

Die alteingesessene Floridsdorfer Familie Schwaiger hat sich für den Fasching 1895 vier idente Kostüme schneidern lassen, mit denen beim Fotografen traute Heiterkeit inszeniert wurde. Hier wird bürgerlicher Frohsinn zur Schau gestellt und nicht die ausgelassene Fröhlichkeit der Unterschicht.

◄ Die Floridsdorfer Burschenschaft „Einigkeit" soll eine der Wurzeln des SK Admira gewesen sein. Die meisten national gesinnten Studenten wurden jedoch Mitglieder in den bekannten Wiener Burschenschaften. Die 1907 gegründete schlagende Mittelschüler-Verbindung „Germania" nach einer Mensur im Jahr 1919.

Eine ausgelassenere Stimmung herrschte bei einem privaten Faschingsfest im Februar 1938, knapp vor dem „Anschluss". Aber die Kostüme bleiben doch dem bürgerlichen Kanon verhaftet: Römer und Chinesin, Soldat und Steinzeitmensch sind Versatzstücke aus dem Geschichtsunterricht.

Vor der St.-Jakobs-Kirche in Floridsdorf wird 1905 mit einer Messe im Freien und unter Teilnahme der Feuerwehr und der „Harmonie" die Eingemeindung nach Wien gefeiert. Die Männer im Frack und die Frauen mit weißen Sonnenschirmen zeigen, dass die Oberschicht des neuen Bezirkes versammelt war.

Bei Begräbnissen – hier die Beerdigung des Sicherheits-Wachmannes Josef Sommer aus Groß-Jedlersdorf im Juli 1932 – mischten sich (zumeist) katholische und bürgerliche Kulturen. Spätestens beim Leichenschmaus im Wirtshaus wurde nicht nur getratscht, sondern auch politisiert.

15

Das Bürgertum privat

Im Biedermeier hatte sich nicht nur die Idee der bürgerlichen Kernfamilie herausgebildet, sondern auch das Ideal eines trauten Heimes: Damit bekam die Wohnkultur eine entscheidende Funktion in der Repräsentation des sozialen Status. Spricht man vom „Jahrhundert des Interieurs", geht es dabei nicht nur um die Quantität und Qualität von Einrichtungs- und Luxusgegenständen, sondern auch um neuartige Aneignungsweisen. Auf den Fotos von Bürgerwohnungen und -häusern sieht man schwere Möbel, dunkle Tapeten und jede Menge Ziergegenstände. Man sieht die Frau am Klavier, den Mann mit Buch oder Zeitung und die ganze – intakte – Familie adrett gekleidet am Wohnzimmertisch oder im Garten. So stellte sich auch das Floridsdorfer Bürgertum am liebsten zur Schau: kluge Männer und kunstbeflissene, hübsche Frauen, ordentlich, ruhig, sauber und wohlhabend.

Anna Judex aus Jedlesee war um 1920 eine „feine Partie": Als junge Frau aus gutem Hause hatte sie wenig Hausfrauenpflichten, pflückte Blumen im Garten, lernte Klavier und Geige. In Floridsdorf gab es schon 1906 drei Klavier-Violin-Gesangs-Schulen, fünf Zitherschulen und sechs Handarbeitsschulen.

Einen Ausflug ins Grüne unternahm die Familie Schneider um 1930 mit dem eigenen Automobil und in einer ländlichen Gewandung. Was sich die Arbeiterschicht erst in der Wohlstandsgesellschaft ab den 1960er-Jahren leisten konnte, war für Bürgerliche schon weit früher realisierbar.

Nicht in der Kutsche, sondern mit dem geschmückten Familien-Mercedes wurde der junge Herr Schwaiger vom Eisenwarengeschäft des Großvaters in der Floridsdorfer Hauptstraße zu seiner Firmung geführt. Die Vollmotorisierung wurde auf dem Umweg über das Motorrad erst Mitte der 1960er-Jahre Realität.

1899 kam die Familie Klagsbrunn nach Floridsdorf, man erwarb eine Villa und ein Geschäft, das Leo Klagsbrunn 1920 zu einer Kohlenhandlung ausbaute. Ab 1932 war er Präsident des FAC. 1933 war er mit dem Motorrad unterwegs, später in einem Nash. 1938 gelang der Familie die Flucht nach Brasilien. ▲

Im Jahr 1908 unternehmen zwei bürgerlich gekleidete Damen eine Sonntagswanderung im Floridsdorfer Aupark. Der Beginn des Spaziergangs war das aristokratische „Lustwandeln" in Gärten, um ungestört Gespräche zu führen. Als bürgerlicher Brauch kam er im 18. Jahrhundert in Mode.

Ein großbürgerliches Ambiente prägte den Salon der Familie Mautner Markhof im 1901 fertiggestellten Mautner Schlössl. Die ursprünglichen secessionistischen Elemente wurden 1909 von Friedrich Dietz von Weidenberg barockisiert. Ein ausgedehnter Garten sorgte für zusätzlichen Luxus.

Zwei Fauteuils im Stil der Wiener Werkstätten, dazu ein altdeutsches, gut gefülltes Bücherregal bildeten auch in den 1950er-Jahren noch einen bürgerlich geprägten Hintergrund für das Bild zweier Großmütter mit ihrem Enkel, der Wohlstand und Bildung vererbt bekommen sollte.

Inszenierung eines bürgerlichen Lebensstils in den 1920er-Jahren: Eine ernst dreinschauende Mutter wird im Wohnzimmer fotografiert, mit Blumentapete und schweren dunklen Möbeln, frisch gepflückten Blumen und die Hand auf einem Buch, mit weißer Spitzenbluse und goldener Kette.

◂ Schon am Kinderspielzeug ließ sich die Planung eines zukünftigen bürgerlichen Lebens ablesen. Herta, die Tochter des Floridsdorfer Gemeindebeamten Leopold Reinold, wurde mit Matrosenanzug und aufgezäumtem Schaukelpferd als Kind wohlhabender Eltern porträtiert.

Weihnachtsbesuch 1926 in einer Bürgerwohnung: Das Bild verrät keinen Reichtum, aber es gab bereits elektrisches Licht. Die altdeutsche Vitrine und dunkle Tapeten, eine Tänzerin aus Porzellan, Kuchen und Schnaps repräsentieren aber einen gewissen Wohlstand, der Elefant zeigt Weltläufigkeit.

Während sich eine Arbeiterfamilie in den 1920er-Jahren höchstens ein Mal pro Woche eine Fleischspeise leisten konnte, wird bei einer sonntäglichen Familienjause im Garten eines Jedleseer Bürgerhaushalts ordentlich aufgetischt. Bürgerlichkeit begann schon bei der Erfüllung primärer Bedürfnisse.

Die Sommerfrische am Semmering oder zumindest in Würnitz, der Kuraufenthalt in Bad Ischl oder Gmunden und ab den 1920er-Jahren ein Skiurlaub gehörten zum bürgerlichen Jahresrhythmus, wobei die Männer oft nur am Wochenende kurz vorbeischauten. Skifahren in St. Corona, Ende der 1930er-Jahre.

In Filmen und Lifestyle-Magazinen wurde ab den 1920er-Jahren das Bild einer aktiven, unabhängigen und selbstständigen Frau präsentiert. Zumindest bei einem Faschingsfest 1927 war dieses „Girl" auch in Floridsdorf angekommen. Für einen Abend spielten die vier Frauen ein wenig mit Geschlechteridentitäten. ▼

Im Westen der Alten Donau lagen die großen Bäder, an der Ostseite befanden sich viele Kleingartensiedlungen und Badehäuschen, manche sogar mit Privatstrand. Im Gegensatz zum Schrebergarten, in dem Obst und Gemüse angebaut wurden, dienten die Gründe dem sommerlichen Badevergnügen (Bild um 1955).

Bürgerlichkeit geht oft mit Privatheit einher. Hauskonzert, Radioapparat und Grammophon sorgten dafür, dass man gute Musik auch in den eigenen vier Wänden hören konnte. Zwei Medizinstudenten hören um 1946 eine Schellack. Ob es eine Oper oder Jazz war, ist nicht überliefert.

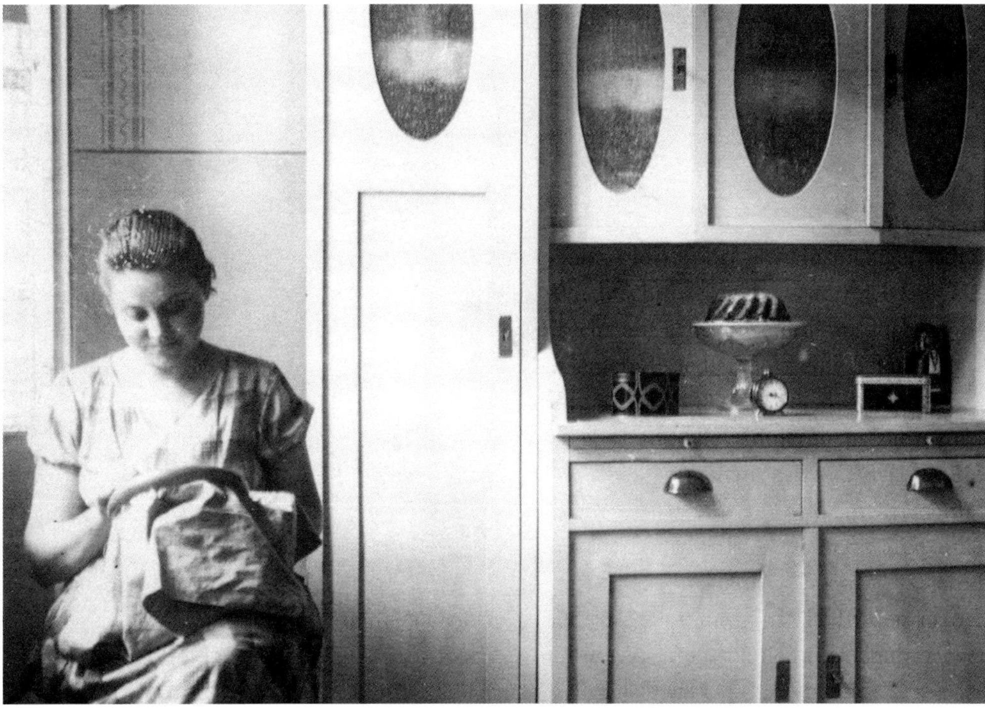

Klassische Rollenverteilung in der bürgerlichen Familie der Zwischenkriegszeit: Der Mann verdient das Geld, seine Gattin sitzt als Hausfrau in der Küche, der fertige Gugelhupf steht schon auf der Kredenz. Die Frau geht nicht arbeiten, sondern bestickt einen Zierpolster (Bild um 1925). ▲

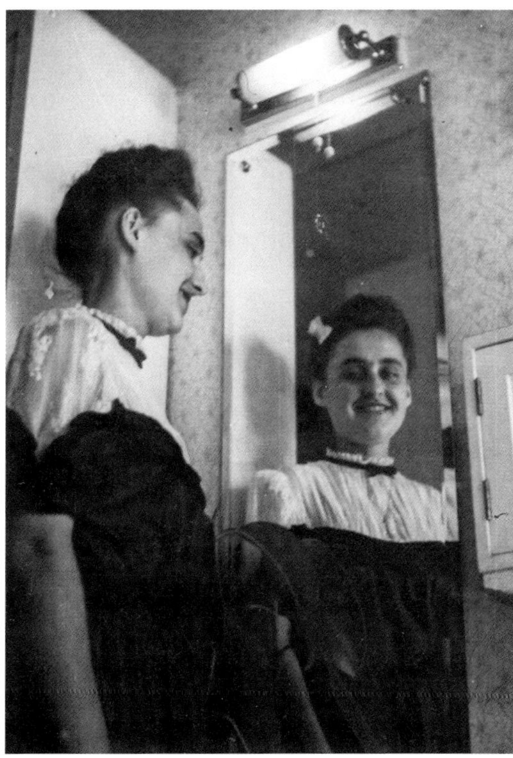

Auch in Floridsdorf herrschte im Frühjahr 1946 Not, Hunger und Zerstörung, man betrauerte gefallene und wartete auf die Rückkehr in Kriegsgefangenschaft geratener Männer. Trotzdem macht sich diese junge Frau in Jedlesee schön für ihren ersten Ballbesuch im „Hotel Wimberger".

Ein Jahr zuvor waren die beiden jungen Männer noch in Armee-Uniformen gesteckt. Der Krieg war zwar verloren, doch hatten beide überlebt und nun galt es für die Studenten, dieses Leben zu genießen und Verlorenes nachzuholen. So präsentieren sie sich 1919 dem Fotografen im Garten. ▲

In den Grundbüchern vieler Einfamilienhäuser in Floridsdorf ist noch die Nutzung für den Obst- und Gemüseanbau sowie zur Kleintierhaltung vermerkt. Doch schon in den 1920er-Jahren wurden meist Ziergärten angelegt und die Hausfrau ließ sich mit einer Schale Äpfel vom einzigen Obstbaum ablichten.

Keine „Promenadenmischung“, sondern ein Tier mit Stammbaum gehörte in den bürgerlichen Haushalt. Im Jahr 1937 spielt die Dame des Hauses mit ihrem kleinen Foxterrier „Bobby of Mannering“. Man brauchte keinen Wachhund, sondern wollte ein nettes und artiges „Spielzeug“.

In den 1950er-Jahren war der Mann wieder der Verdiener, die Frau besorgte den Haushalt, konnte sich aber zumindest in der Mittelschicht auch im Garten im Liegestuhl erholen. Doch auch dabei musste sie mit Sommerkleid, Sonnenbrille und Stöckelschuhen für den Mann stets fesch sein. ▼

Danksagung

Dieses Buch enthält viele Abbildungen und Informationen, die wir zahlreichen Personen verdanken, die uns mit Bildern und Fachwissen, oft auch mit beidem, unterstützt haben. In diesem Sinn möchten wir uns für Unterstützungen in verschiedenster Form bedanken bei Wilhelm Destefani, Familie Jansa, Victor Hugo Klagsbrunn, Oxana Korol vom World Holocaust Remembrance Centre in Yad Vashem, Ferdinand Lesmeister und Herbert Rudolph vom Bezirksmuseum Floridsdorf, Manfred Mugrauer von der Alfred-Klahr-Gesellschaft, Harald Quitensky vom Floridsdorfer Turnverein 1865 und Matthias Schwaiger. Unser ganz spezieller Dank gilt aber Gerhard Jordan, dessen Expertise wir viele wichtige Hinweise und das Vermeiden etlicher Fehler verdanken.

Bildnachweis

Bezirksmuseum Floridsdorf: Einband vorne, Vorsatz, Nachsatz, S. 2, 10 u, 11 u, 12 o, 12 u, 13 o, 13 u, 14 o, 14 u, 15, 16 o, 16 u, 17 o, 18 o, 18 u, 19 o, 19 u, 20 o, 20 u, 21, 22 o, 22 u, 23 u, 24 o, 25 u, 29 o, 29 u, 30 o, 31 o, 32 o, 32 u, 33, 34, 35 or, 35 ol, 35 ur, 35 ul, 36 ol, 36 or, 37 o, 38 o, 38 u, 39 o, 39 u, 40 o, 40 u, 42 o, 42 u, 43 o, 43 u, 44 o, 44 u, 45 o, 45 u, 46 o, 46 u, 47 u, 56 u, 58 ur, 59 o, 59 u, 60 o, 60 u, 61, 62 u, 63 o, 64 o, 67, 68 o, 69 ul, 70 o, 71 u, 73, 74 o, 74 u, 75 o, 75 u, 76 u, 77 o, 78 o, 78 u, 79 o, 79 u, 80 o, 81 o, 81 u, 82 o, 82 u, 84 o, 85, 92 o, 96 o, 96 u, 97 o, 97 u, 98 u, 99, 100 o, 101 u, 105 o, 108 o, 108 u, 112 o, 112 u; Archiv Matthias Marschik: Einband hinten, S. IV, 4, 8, 11 o, 26 o, 36 u, 49, 50 o, 50 u, 51, 53 o, 64 u, 65 o, 65 u, 66 o, 66 u, 72 o, 72 u, 86u, 87 o, 87 u, 88 o, 89 o, 89 u, 92 u, 93 o, 93 u, 94 u, 101 o, 102 o, 102 u, 103 u, 104 o, 104 u, 105 u, 106 o, 107 u, 109, 111 u, 113 o, 113 u, 114 o, 114 u, 115 o, 115 u, 116 o, 116 u, 117 o, 117 u, 118 o, 118 u, 119 o, 119 u; Wien Museum: S. 9, 10 o, 26 u, 27,58 ol, 58 or, 58 ul, 62 o, 63 u, 71 o, 77 u, 86 o, 90 o, 90 u; Österreichische Nationalbibliothek, Bildarchiv: S. 17 u, 30 u, 37 u, 57; Porsche Museum, Stuttgart: S. 23 o; Archiv Wiener Linien: S. 24 u, 25 o; Das Interessante Blatt (Austrian Newspapers Online): S. 28 o, 28 u, 54 r, 88 u, 95 u, 100 u; Bildarchiv der KPÖ: S. 31 u; Wikipedia (gemeinfrei): S. 41, 47 o, 68 u, 95 o; Historisches Alpenarchiv der Alpenvereine in Deutschland, Österreich und Südtirol: S. 48 o; Foto Matthias Marschik: S. 48 u, 84 ur; Allgemeine Automobil-Zeitung (Austrian Newspapers Online): S. 52 o, 52 u; ETH Zürich, Bildarchiv: S. 53 u; Der Abend (Austrian Newspapers Online): S. 54: Wiener Bilder (Austrian Newspapers Online): S. 55 o; Wiener Salonblatt (Austrian Newspapers Online): S. 55 u; Europa Motor (Austrian Newspapers Online): S. 56 o; Die Stunde (Austrian Newspapers Online): S. 84 ul; Archiv Corps Austria: S. 69 ol; Yad Vashem, Hall of Names, Page of Testimony for Max Ticho: S. 69 or; The Wiener Holocaust Library: S. 69 ul; Verein für Geschichte der ArbeiterInnenbewegung: S. 70 u; Archiv Matthias Schwaiger: S. 76 o, 107 o, 110 o, 110 u; Archiv Familie Destefani: S. 80 u; Sammlung Herbert Jansa: S. 83 o, 83 u; Floridsdorfer Turnverein 1865: S. 91; Jüdisches Museum Wien, Victor Hugo Klagsbrunn: S. 94 o, 106 u, 111 o; Media Wien: S. 98 o; Archiv Ernst Szöke: S. 103 o.

Wien-Floridsdorf

Franz Uhlir

19,99 €
ISBN: 978-3-86680-530-9

Am Bisamberg
Obere-Sätzen
Untere-Sätzen
Im Hinter Fd.
STREBERSDORF
Schloß
Im oberen Donau Fd.
Mayerweck Straße
m
n
q
r
Prügel Ws.
Nordwestbahn
Im Rußberg
Im Wienerweg
Im Weingartenweg
Kreuz Feld
Kahlenberger Mais
Starkstromleitung
Hst.Strebersdf.
Werkstätten der Nordwestb.
GR.JEDLERSDORF
Friedhof
Dachpappe Fabr.
Chem. Putzerei
Ob. Donaufeld
Margarin Fabr.
Maschinen Fabr.
Joch Bergen
Schotter Wiese
Schwarze Lacken Au
Färberei
Schwemm Äcker
Stat. Jedlersdorf
Kreuzfeld
Jedlersdorfer Str.
Jedlesee Friedh.
Notspital
Brauerei
Kolonie
Fiat Werke
Jedlersdorfer Pl.
Schmalzlisse
Shuttleworth Str.
Landw. Maschinen Fabr.
Burgstall
Überfuhr Straße
JEDLESEE
Werkstätt.d. Nordwestb.
Wiener Lokomotiv Fabr.
Hubertus Damm
Zeisenbügel
W.H. Eichelhof
NEU JEDLERSDORF
Lokomot.u.Wagenbau Werkst. d. Nordbahn
Parquetten Fabrik
Bockkeller
Dampfschiff Station
NUSZDORF
Friedhof
Donauhort
Absperrwerk
Amtshaus
Mineralöl Fabrik
Material-Depot d.Nordbahn
Beethovengang
Schleusen
Bez.Amt
Krautgärten
Au Park
Nordwestbahn Brücke
Bruckhaufen
FLORIDSDORF
HEILIGENSTADT
Hl. Jakob
Rothschild Gärten
Schiffbautechn. Versuchsanst.
Bahnhof Heiligenstadt
Meteorol.Zentr. Anstalt
Israel.Blind. Institut
MÜHLSCHÜTTEL
Freibad
Strandbad
Floridsdorfer Br.
Dampfm.
DÖBLING
Gasbehälter
Schiffswerfte
Engels Platz
Nordbahn Brücke
Gr.Bruckhaufen
Arbeiter Strandbad
Wertheimstein Park
Kirchtag Platz
Allerheiligen Platz